ZEITWEGE

IN DIE

EWIGKEIT

Über unsere Vorstellungen von Zeit ...

von

Klaus Scharff

Impressum:

Copyright Klaus Scharff 2008

Herstellung und Verlag:
Books on Demand GmbH, Norderstedt

ISBN-13 : 9783837063660

INHALTSVERZEICHNIS

"It is not reality that has a time flow, but our very approximate knowledge of reality. Time is the effect of our ignorance".
Carlo Rovelli

PROLOG

Vor Jahrhunderten begann die Wissenschaft sich von der Religion und der Philosophie zu trennen. Sie ging ihren eigenen Weg. Die moderne Form vom Aufbau des Wissens, die Wissenschaft, kennt kaum noch die mythologischen und religiösen Bilder, mit denen in alten Zeiten Wissen von der Welt bewahrt und weiter gegeben wurde. Die Menschen der alten Hochkulturen nahmen die Realität überirdischer Götterwelten ebenso unbezweifelbar an, wie die Existenz von unsichtbaren Naturwesen und die Magie der Geister. Die Welt war im tiefsten Grunde lebendig und besaß eine kosmische Seele. Beobachtungen, naturkundliche Fakten, soziale Erfahrungen, religiöse Imaginationen und animistische Vorstellungen waren in einem komplexen System des Wissens vermischt. Als sich mit dem Ausgang des Mittelalters die Fundamente der exakten Wissenschaften bildeten, wurden Mythologien und inneren Offenbarungen nach und nach mit einem Bann geschlagen. Bacon, Galilei, Newton Huygens und andere schufen im 16. und 17. Jahrhundert eine effektive Methode der Welterkenntnis, die nur das als Wissen anerkennt, was messbar und formalisierbar ist.

Dabei ist interessant, dass viele der originalen Denker und Forscher, die eine neue Wissenschaft begründeten, die alten Formen der Welterkenntnis nicht grundsätzlich verworfen haben. So konnte sich ein Paracelsus noch zu Beginn des 16.Jahrhunderts mit tiefem Ernst der Magie der naturhaften Kräfte widmen. Ebenso befasste sich Johannes Kepler ausgiebig mit astrologischen Studien und Isaac Newton erforschte heimlich die Alchemie. Doch Alchemie, Astrologie, die Lehre von den Geistwesen und Naturmagie konnten mit der entstehenden Methode der exakten Beobachtung, des zweckmäßigen Experimentierens und der logischen Deduktion nicht mehr Schritt halten.

Der unglaubliche Erfolg der Naturwissenschaften ließ kaum Zweifel an ihrer Methode zu. Kritik an ihren Grundlagen und die Werte alternativer Wissenssysteme wurden nicht mehr oder nur noch selten in Betracht gezogen. Zwangsläufig traten subjektive, religiöse und mythologische Ansichten von der Welt in den Hintergrund. Mit den neuen Methoden aber wurden viele erfahrungsreiche und sinnstiftende Wissenswege abgespalten und verdrängt. Das neue und sogenannte exakte Weltbild verlor auch den Zusammenhang mit den überlieferten Bewusstseinsbildern der großen Religionen. In ihrer so erfolgreichen Entwicklung hat die Wissenschaft die Methode der Trennung, die detaillierte Zersplitterung des Ganzen, auf sich selbst angewandt. Sie teilte sich in immer mehr Unterdisziplinen und Spezialabteilungen. Dabei wurde ungeheures Wissensmaterial angehäuft und Milliarden von einzelnen Fakten katalogisiert. In dieser verwirrenden Vielfalt angesammelter Wissensteile war eine einheitliche, sinnstiftende Weltsicht, die alle Zustände menschlichen Erkenntnisdranges umfasste, nicht mehr möglich. Wissen wurde oft zu Faktenwissen ohne weiteren Sinn degradiert. Kein Mensch kann heute für sich in Anspruch nehmen, dass er das faktische Wissen seiner Zeit auch nur in einem kleinen Spezialgebiet vollständig überblickt.

Heute mehren sich die Stimmen, die eine Rückbesinnung auf die Einheit, auf das dem Menschen gegebene Ganze fordern. Was aber soll man unter der Einheit einer Weltsicht verstehen? Alle Wissenschaften suchen doch mit Methode die Einheit in ihrer Darstellung der Phänomene. Die Vereinheitlichung der bekannten Naturkräfte ist heute Gegenstand modernster Naturforschung. Die Physiker stellen Überlegungen zu einer vereinheitlichten Theorie aller vier bekannten universellen Wechselwirkungskräfte an. Mit riesigen und teuren Beschleunigeranlagen versucht man die Struktur der kleinsten Teilchen aufzubrechen, um die noch verborgenen Symmetrien und endgültigen Gesetze des Universums zu finden. Die Suche nach den Kräften, die unsere Welt im Innersten zusammenhalten, hat als Endziel die welterklärende Urformel. Dies ist wahrscheinlich ein komplexes System mathematischer Symbole, die richtig interpretiert alle physikalischen Gesetze des Universums begründen. Ob dieses Ziel schon greifbar nahe ist oder eine betörende Fata Morgana, darüber gehen die Meinungen der aktiven Physiker im Wettstreit ihrer Theorien auseinander.

Die Idee der universellen Einheit ist Triebfeder der Forschungen in fast allen Teilbereichen der exakten Wissenschaften. So haben Biologen und Chemiker mit der Doppelhelix ein einheitliches Uralphabet allen irdischen Lebens entdeckt. Die Baupläne der Materie, der Code des Lebens und die grundlegenden Wechselwirkungen zwischen Leben und Materie sind im Prinzip bekannt und sie gehorchen einfachen und universellen Regeln. Ein einheitliches Grundgesetz, das die Wissenschaftler in einem Fachgebiet entdeckt haben, gibt aber kaum Antwort auf die existenzielle Frage nach dem Sinn des Soseins. Dieses Hinterfragen des Faktischen ist es gerade, dass den Menschen bewegt. Immer wieder drängt es ihn, seine sogenannte objektive und allgemein anerkannte Weltsicht zu transzendieren. Ein buddhistischer Mönch, der in der Tradition der fernöstlichen Weisheiten lebt, hat das Dilemma der westlichen Wissenschaftsmethode erkannt, wenn er fragt:

"Oh Wissender, Du erklärst die ganze Welt, aber wer erklärt Deine Erklärung?"

Der moderne Mensch fühlt, dass all das faktische Wissen über die Welt ihn letztlich nicht ausfüllen und erfüllen kann. Gesucht ist ein sinnerfüllter Hintergrund, gegen den sich die Einzelerkenntnisse der Wissenschaften klar und deutlich abheben, ohne jedoch ihre Verbundenheit in einer unzerteilbaren, sinngebenden Ganzheit zu verlieren. Die traditionellen Religionen geben da viele und deutliche Fingerzeige. Doch die engen Grenzen der Naturwissenschaften versperren oft den Zugang zu der sinnhaften Einheit, die Theologen, Priester, Mystiker, Künstler und Philosophen immer wieder, oft auch vergeblich, zu fassen suchen. Können sich die exakten und objektiven Naturwissenschaften heute über ihre selbst gesetzten Grenzen hinweg weiter entwickeln? Können die harten Grenzen, die eine potentiell wirksame, transzendente Welt ausblenden, durchlässig gemacht werden, ohne sie grundsätzlich aufzulösen?

Dem ahnungsvollen "Ja" müssen viele weitere Fragen folgen. Wie lässt sich die Fragmentierung des Wissens stoppen und umkehren? Werden die Wissenschaftler einer zukünftigen integralen Wissenschaft die offenen, drängenden und existenziellen Fragen unserer krisengeschüttelten Zeit beantworten? Welche neuen und transformierenden Methoden werden die Integralwissenschaftler entwickeln, um den Sinn des Ganzen aufzuschlüsseln? Wo befindet sich die sinngebende Instanz, die Ziele und Zwecke der evolutionären und kosmischen Baupläne vermittelt? Welche Rolle spielt der Mensch in dem gigantischen Regelkreis der Natur? Kann er in den Zyklen,

Rhythmen und auch Katastrophen einer überwältigenden Natur Sinn, Harmonie und Bestätigung seiner selbst finden? Im Gegenteil, manchmal wird der moderne Mensch, mehr als die Menschen der vergangenen Epochen, von einem ausweglosen Gefühl der Sinnlosigkeit überwältigt. Er fühlt sich, als Folge seines fragmentierten Wissens, der unbegründbar gewaltigen Welt ausgeliefert, existenziell gefährdet. Ein unbedeutendes Wesen am Rande der Galaxis, auf einem kleinen Planeten einer durchschnittlichen Sonne, erfährt in einer Phase kurzer Wachbewusstheit die gewaltigen Rhythmen und Wirkungen der ihn umgebenden Allnatur. Seine ihm entstandene Intelligenz versucht dem Universum Sinn und Zweck zu entringen. Doch er scheint überfordert, seine Stellung im Universum zu begreifen.

Trotz - oder vielleicht wegen - seines Verstandes gelingt es dem Menschen nicht, eine sinnhafte Einheit mit der ihn umgebenden Natur (wieder -) zu finden. Seine im kosmischen Zeitmaß sehr kurze Geschichte hob ihn aus einem Zustand machtloser, unbewusster Verbundenheit mit den Zyklen der Natur in die Kunstwelt einer titanenhaften Technik. In vielfältigen Formen ist der moderne, technisch begabte Mensch heute in der Lage, die globalen Gleichgewichte seines Planeten nachhaltig zu stören und die alles erhaltende Grundlage seiner eigenen Existenz zu zerstören. Doch das Wissen davon hält ihn nicht davon ab, die Regelkreise der Natur weiterhin zu unterbrechen.

Dabei erkennen die Wissenschaftler aller Fachrichtungen immer deutlicher die gegenseitigen Abhängigkeiten aller Lebewesen der irdischen Biosphäre. Man weiß heute sehr viel über die harmonischen Beziehungen innerhalb der Natur unseres planetaren Lebens. Ein Netz fein aufeinander abgestimmter Wechselwirkungen verweist auf eine lebendige Einheit der ganzen Erde. Die Biologen und Umweltschützer fordern dringend die schnelle Anpassung des Menschen an eine Ökologie, die ganzheitlich die Gleichgewichte der Biosphäre integriert und schützt. Der Gewinn an ungeheurer Macht durch die Technik zahlt sich am Ende nicht aus, wenn er sie nicht mit, sondern gegen die Natur einsetzt. Seine egoistischen und eigennützigen Triebe liegen im ständigen Kampf gegen die globalen Kräfte des Planeten. Der Mensch hat so den Planeten, den einzigen, den er besitzt, in eine ökologische Krise geführt. Er spürt aber im Augenblick einer entscheidenden Phase, dass er den selbst erzeugten Katastrophen entgehen kann. Nach und nach dämmert es ihm,

Industriewachstum, Bevölkerungsexplosion, ungebremstes Brutto-sozialprodukt, Kriegstechnologie, Vergiftungsprozesse aller Art, Landzerstörung durch Monokulturen, Urwaldvernichtung und ein Vernichtungskreuzzug gegen unsere Mitgeschöpfe sind Metastasen eines globalen Krebsgeschwürs, das wir selbst hervorgebracht haben. Unsere Welt und damit ihre zugehörige Zeit sind aus den Fugen. Die ungeheuerliche Vorstellung, dass der Mensch seinen blauen Planeten mit Absicht zerstören könnte, spiegelt nur die verzerrte, einseitige und unvollständige Wahrnehmung des Menschen von seiner Welt in Zeit und Raum. Der Mensch scheint nicht befähigt, seine Intelligenz, die ihn zum Beherrscher des Planeten gemacht hat, harmonisch in die Regelkreise der Natur einzubinden. Seine Errungenschaften und Erfolge in der Auseinandersetzung mit den Kräften der Natur sind teuer erkauft. Mehr als je zuvor zeigt sich in den aktuellen Wirren, Kriegen, sozialen Nöten und anderen globalen Katastrophen ein nicht mehr zu leugnendes Versagen der bisher anerkannten Glaubens- und Wissenssysteme.

Die Vorstellungen des Menschen von sich und der Welt sind in einem Widerspruch, dessen Auflösung die dringliche Aufgabe einer kommenden, integralen Wissenschaft sein muss. Der technische Intellekt, der uns den kulturellen Aufstieg ermöglicht hat, zeigt sich letzten Endes als äußerst unsensibel in Bezug auf die tiefliegenden Harmonien und Verheißungen einer Natur im Gleichgewicht. Die Präzision und die ausgereifte Balance, mit der die Lebewesen der Erde in die Jahreszeiten und in viele andere kosmische Einflüsse eingebunden sind, übersteigt zur Zeit noch menschliche Sensitivität und auch moderne wissenschaftliche Erkenntnisse. Nur langsam nähert sich die moderne Wissenschaft der Erkenntnis, dass die delikaten Netzwerke unserer Millionen von Jahren alten Ökosphäre von unvergleichbarer Effizienz, Intelligenz, Schönheit und Harmonie erfüllt sind.

In den gigantischen Abläufen einer ihm, dem Menschen, in letzter Konsequenz unverständlichen Natur sucht er hartnäckig und verzweifelt den Sinn. So wie der moderne Mensch die Schöpfung wahrnimmt, mit ihr und in ihr handelt, ist sie unvollkommen. Vieles in der biologischen Welt der Erde ist, unter einem allzu bekannten menschlichen Blickwinkel, auf Raub, Vernichtung, Verschwendung und Vorherrschaft aufgebaut. Doch bei genauerem Hinsehen wirken hinter dieser zerstörerischen

Fassade subtile Harmonien und aufbauende Aktivitäten. Leben spendende Symbiosen, gesunde Gleichgewichte und friedvolle Koexistenz zeigen das wahre Wesen der Natur im Hintergrund.

Die Fragmente unserer verdrehten Weltsicht benötigen dringend meta-physikalischen Kitt und einen holistischen Restaurateur. Mit den großen Religionsstiftern und deren nachfolgenden Systemen entstanden heute noch andauernde Versuche, das irdische Leben mit höher stehenden Mächten in Verbindung zu bringen. Es werden kosmische, über Raum und Zeit erhabene Wesen und Intelligenzen angenommen. Ob personenhafter Gott oder intelligentes, schöpferisches Grundprinzip, in allen Fällen ist die Beziehung der Schöpfermacht zum Menschen geprägt durch das Gebot der Achtung alles Lebens und die Aufforderung zur Integration und Rückführung aller Wesen in eine göttliche Gemeinschaft. Liebe, Harmonie, Mitgefühl und Demut werden in den verschiedenartigen Glaubensbekenntnissen besonders betont. Sie gelten in jedem Fall mehr als Logik, Vernunft, Wissen und Macht.

Im tatsächlichen und aktiven Leben unserer modernen Technikkultur ist es aber genau umgekehrt. Bisher hat die verheißungsvolle Botschaft der Religionsgründer die Herzen vieler Menschen verfehlt. Doch niemand kann sagen, er hätte nicht gehört wie die Menschen miteinander und mit der Natur in Frieden und Harmonie leben können. Wir sind immer wieder gewarnt und aufgerufen worden. Wann werden wir der Zersplitterung unserer Wahrnehmungen von einer lebendigen Welt Einhalt gebieten? Wie können wir umkehren und unsere vielfältigen Wissensteile wieder zur Ganzheit zusammenbinden?

Die Bereiche menschlicher Erkenntnis sind gespalten in verschiedene Ideologien, in viele Geistes- und Naturwissenschaften, in dogmatische Religionslehren und widersprüchliche Sozialsysteme. Welches einheitsstiftende Prinzip sollen die Menschen suchen, finden und weiterverfolgen, um zu den Quellen wahrer Natur- und Selbsterkenntnis zurückzukehren? Welche Rolle können die exakten Naturwissenschaften bei der Aufgabe des "Zurückbindens" übernehmen? In diesem Zusammenhang ist zu bemerken, dass alle großen Weisheitslehrer der Menschheit, die vielfältige Dimensionen der menschlichen Psyche gekannt und ausgelotet haben, nie ein formales, logisches System der Weltbeschreibung entwickelt haben. Ob Sokrates, Jesus, Buddha oder Lao-Tse, sie alle haben in Gleichnissen und Paradoxen geredet. Die tiefsten Aussagen aller großen Religionen verweisen immer auf eine Überwindung aller zweiwertigen logischen Systeme. Eine veränderte wissenschaftliche Methodik, in der die Qualitäten subjektiver Innenräume nicht mehr ausgeblendet werden, ist unabdingbar für jede zukünftige Beschreibung einer multidimensionalen, kohärenten Wirklichkeit. Die Sprache der Bilder und Metaphern aus religiöse Quellen und uralten Weisheitsbüchern eignet sich daher besonders, die starren und harten Erkenntnisse moderner Naturerkenntnis zu relativieren, sie sinnvoll einzuordnen. Die Gespräche eines Sokrates, die Bergpredigt des neuen Testamentes, die Gleichnisse eines Buddhas und die Schrift über das Tao sind heute noch erstaunlich lebendige Beweise eines tiefen Wissens. Viele moderne Menschen suchen in der Nachfolge den Sinn dieser alten Weisheiten zu ergründen. Ihnen drängt sich immer wieder die Einsicht auf, dass die Paradoxe eines Jesus oder eines Lao-Tse den Sinn menschlichen Daseins mehr erhellen, als alle heutigen, streng logischen Theorien über die Struktur des Universums. Von einem Sänger alter Zeiten, dem Vermittler des Wissens in einer Epoche ohne Technik, ist der Ausspruch überliefert:

"Ich achte das klare Wissen der Bücher, aber noch mehr achte ich das, was sie nicht wissen!"

Die Einsicht, dass Wissen niemals absolut sein kann, ist eine Lektion, die Techniker und Wissenshüter vieler moderner Institutionen noch lernen müssen - möglichst bald lernen sollten. Welchen Wert besitzen überhaupt unsere heutigen theoretischen Konstruktionen und Modelle noch, um die uns unvorstellbar komplex gewordene Welt zu begreifen? Tatsächlich erscheinen nicht mehr zu leugnende Risse in unserem allgemein anerkannten, modernen Weltbild. Diese Sprünge geben uns die Möglichkeit, die Welt neu anzusehen, unsere Wahrnehmung umzustrukturieren. Eine grundlegende Veränderung in unserer Beziehung zur Welt ist nötiger als je zuvor.

Der Aufbruch zu neuen Denkmustern mit ihren zu-gehörigen Handlungsfolgen wird in unseren Tagen begleitet von einem Mischmasch zum Teil obskurer Ideen, übertriebenen Spekulationen, von Kultfiguren und Gurus, von Sekten und Wissenschaftszerstörern. Aberglaube und sterile Rationalität sind extreme Positionen einer Pluralität von neuen Ideen und

Denkmustern, die um Anerkennung ringen. Setzt man die Logik und die exakten wissenschaftlichen Methoden auf den ihnen gebührenden Platz, so braucht man sie nicht aufzugeben. Gefragt und gewünscht ist deren Einordnung in ein neues Sinnganzes. Was immer man sich darunter vorstellen mag, es muss eine Sicht sein, die unser Empfinden von Sinnleere, unsere tiefen existenziellen Probleme und Widersprüche versöhnen kann. Kurz gesagt, es muss die Dynamik unserer inneren Räume mit der Welt außen verträglich machen. Mit einer neuen Weltsicht ist die Integration aller menschlichen Seinsweisen anzustreben. Kunst und Poesie, Religion und Mythologie, exakte Wissenschaften und Philosophie, Gesellschaft und Individuum tragen zu einem neuen Weltbild bei, indem sie nicht das Trennende, sondern das allen Gemeinsame betonen.

Eine zukünftige wissenschaftliche Beschreibung unserer Weltwirklichkeit wird sich in einer umfassenden Synthese von Formen aus dem Reich der Ideen und den Naturfakten unserer Konsensusrealität vollziehen und nachhaltige Wirkungen aus übergeordneten Bewusstseinsräume anerkennen und erforschen. Dabei wird die Naturwissenschaft die Symbolgestalten der Psyche und die Dynamik eines mentalen Paralleluniversums anerkennen und in ihre Fundamente und Methoden integrieren müssen. Ohne das tiefergehende Verständnis der unermesslichen, von der Materie unabhängigen Bewusstseinsräume ist die Welt außen nicht zu bewältigen.

In den vielen Auseinandersetzungen um ganzheitliche Weltbilder und in den unterschiedlichen Ansätzen zur Integration menschlichen Wissen, besitzt das Mysterium der Zeit eine Schlüsselrolle. Kritiker der vorherrschenden Weltsicht vertreten die Ansicht, dass unsere Gegenwart eine dynamische Übergangszeit ist, in der sich das Paradigma einer neuen Weltordnung im Prozess des Werdens befindet.

Das Ringen um eine neuartige Zeitvorstellung und damit eine veränderte Wahrnehmung der Welt wird die Qualität unserer Zukunft entscheidend bestimmen. Einige Kulturphilosophen sprechen von dem Heraufkommen einer aperspektivischen Weltsicht (J. Gebser), in der wir die Zeit ähnlich wie im Raum in Tiefe und Weite erleben werden. Diese These erwartet für die zukünftigen Menschen die Ausprägung einer mentalen Fähigkeit, die verschiedenen Zeitaspekte simultan aufzufassen. Die aperspektivische Weltsicht nimmt der Zeit ihre lineare Einsinnigkeit, die Zeitaspekte vereinigen sich zu einer ganzheitlichen Raumzeitsicht. Diese Vorstellung von der Integration vieler Zeiten in eine dynamische, zeitübergreifend Gegenwart ist aus der mystischen Tradition vieler Kulturen schon lange bekannt. Was damit gemeint ist, können wir uns nur schwer vorstellen, denn wir sind ja immer noch der traditionellen Zeitauffassung verhaftet. Der evolutionäre Sprung des menschlichen Bewusstseins in eine neue Zeitwahrnehmung bietet sich so als Ausweg aus der Krise unserer Zeit an. Unsere heutige Zeit zerbricht bereits im Geschwindigkeitsrausch einer sich immer mehr beschleunigten Veränderung ökologischer und sozialer Systeme. Eine sich anbahnende Transparenz in der Zeitdimension erscheint so als einzige Hoffnung der Menschen am Beginn des 3.Jahrtausends unserer Zeitrechnung.

THESE: *Unser Zeitbewusstsein und unsere Kultur befinden sich zu Beginn des 21.Jahrhunderts in einer Krise. Die Zivilisation der Großtechnik und extrem beschleunigtes Wachstum in fast allen Gebieten menschlicher Aktivität führen unseren Planeten in eine ökologische Katastrophe. Nur wenn wir die sogenannte Aufwärtsbewegung in der lineare Zeit abbrechen, können wir dem endgültigen Zusammenbruch einer zeitlich und exponentiell erschöpften Welt entgehen. Unsere mentale Schranke, die uns nur den engen Korridor einer linearen Zukunft erlaubt, muss fallen.*

Der Übergang in eine globale, transtechnische Kultur, die alle lebendigen Rhythmen der Erde uneingeschränkt respektiert, ist überlebensnotwendig. Es ist unabdingbar, dass wir uns eine erweiterte Wahrnehmung der subtilen Beziehungen zwischen den Kräften der Natur und den Phänomenen des Lebens aneignen. In der Rückbesinnung auf die ökologischen Harmonien und in Resonanz zu den kosmischen Kräften kann der Mensch den lebendigen Planeten Erde auf eine weitere Stufe seiner Entwicklung heben. Wir müssen, wenn es nicht schon zu spät ist, zwischen Apokalypse oder Metamorphose wählen. Und genau diese Alternative rüttelt auch an unseren allgemein akzeptierten Vorstellungen von Zeit. Es ist einfach nicht mehr möglich die bestehenden Zustände unserer Welt in die Zukunft linear hoch zu rechnen. Die immer mehr beschleunigte Weltkultur zerbricht die lineare Zeit, indem sie auf einen finalen Nullpunkt zusteuert, der das explosionsartige Ende aller exponentialen Wachstumsprozesse darstellt. Viele Menschen, die den Zustand unserer Welt wissensreich diagnostizieren, werden mehr und mehr auf die Einsicht zurückgeworfen, dass das Wirken der Natur und Ökosysteme auf unserer Erde intelligenter und effektiver ist, als wir es uns zur Zeit vorstellen können. Nicht gegen, sondern nur mit diesen lebendigen, ausbalancierten, subtilen und zugleich gewaltigen Kräften können wir die kommenden Krisen meistern.

Jede Transformation, die unsere Vorstellungen und unser Verhalten grundlegend ändern soll, muss auch die ungelösten existenziellen Fragen unserer Gegenwart angreifen. Es sind dies die Fragen, die auch Kinder stellen können. Und es sind auch die elementaren Fragen, bei denen die modernen Wissenschaften bisher keine zufriedenstellenden Antworten anzubieten haben.

Was ist das Ziel des Lebens? Was ist Zeit? Wie erleben wir die Zeit? Welchen Sinn sollen wir unserem Leben geben? Was geschieht nach unserem Tod? Gibt es ein Leben vor der Geburt? Warum wurde das Universum geschaffen? Wohin führt der Weg der Menschheit? Gibt es ein Jenseits, außerhalb der vierdimensionalen Raumzeit? Gibt es kosmische Intelligenzen, die ihren Ursprung jenseits von Raum und Zeit haben? Können wir die Wirkungen aus der transzendentalen Sphäre wissenschaftlich nachweisen? Falls der Mensch in seiner Wahrnehmung und seinem Denken die Zeitschranken überschreiten kann, erreicht er dann die Sphäre eines zeitlosen Seins nach Plato? Ist dies vielleicht das ewige Reich aus den Verheißungen und Offenbarungen der großen Religionen?

Letztlich hängen all diese fundamentalen Fragen und ihre möglichen Antworten mit der Dimension der Zeit zusammen. Jeder, der sich diesen einfachen aber grundlos tiefen Fragen nähert, wird unweigerlich auf das Problem der Zeit stoßen. Das Rätsel "Zeit" ist mit den akuten Problemen unserer modernen Welt aufs tiefste verknüpft. Es ist dringlich und zeitgemäß, das Rätsel Zeit anzunehmen. Es scheint so, als ob der Zeitfluss eine für alle Menschen gemeinsame Realität erschafft. Und es könnte durchaus sein, dass die Stabilität dieser gemeinsamen Realität von den Milliarden in der Gegenwart lebenden menschlichen Bewusstseinen erst gesichert wird. Die Zeit und die daran gekoppelten materiellen Strukturen sind bewusstseinsabhängig und nicht umgekehrt. Das impliziert weiter, dass der „Geist" des Menschen nicht identisch ist mit seinem Gehirn. Individuelles

Bewusstsein ist daher in seiner Essenz nicht in der Raumzeit lokalisiert. Die Filter Raum und Zeit schränken Teile des individuellen Seelenkerns (= Geist) allerdings auf das materielle Feld ein. Können wir als verkörpertes individuelles Bewusstsein diesen Filter Zeit verändern, erweitern und sogar überwinden? Zu welchen Extradimensionen eines höherdimensional strukturierten Universums können wir uns bewusst Zugang verschaffen? Wir müssen uns mit solchen Überlegungen nachhaltig und wissenschaftlich fundiert auseinander setzen, wenn wir dem Phänomen Zeit und damit dem Rätsel unserer Existenz auf die Spur kommen wollen.

THESE: *Die tiefenpsychologische Revision unserer Anschauung der Welt ist überfällig und überlebensnotwendig. Die alten Raumzeitfilter haben nachweislich ausgedient. Sternenräume und Bewusstseinsräume müssen zusammen gebracht werden. Es gilt Platz zu machen für den Einbruch einer neuen Zeitordnung und einer veränderten Zeitwahrnehmung.*

Noch wissen wir nicht genau, was wir an die Stelle des zerbrechenden Weltbildes setzen sollen. Unsere faktenreichen Wissenschaften bemühen sich an allen Fronten, die Welt zusammen zu kitten. Obwohl als Programm vorgegeben, erscheint es immer schwieriger eine anvisierte, die Welt erklärende und sinngebende Meta-Einheit des Wissens zu schaffen. Die aktuelle Wissenschaft gleicht einer Biene am Fenster, die in die Freiheit strebt und immer wieder an einem durchsichtigen Hindernis abprallt. Sie weiß, dass es eine Welt draußen gibt. Instinktiv fühlt sie, dass eine Öffnung in die wundervolle, äußere Welt existiert. Es ist der kleine Spalt am Fensterrand oben, doch die Erfahrung der Biene ist zu eingeschränkt, um diesen einfachen Weg in die Freiheit zu sehen. Wie die Biene können wir nur dann den Weg in die größere Welt finden, wenn wir unsere Wahrnehmung verändern und in eine weitere Perspektive überführen. Die folgenden Kapitel geben keine eindeutigen Hinweise darüber, wie eine integrale Welt- und Zeitwahrnehmung aussehen könnte und wie wir sie erreichen können. Aber sie sollen die alten Filter unserer Wahrnehmung von Zeit beleuchten. Nur wenn wir unsere Zeitschranken deutlich erkennen, können wir sie eines Tages übersteigen.

Kapitel 1

WAS IST ZEIT ?

Das Verstreichen der Zeit ist etwas, das allen Menschen vertraut ist. Es äußert sich in allen unseren Erfahrungsbereichen. Wir haben uns in unserem täglichen Leben an den sicheren Umgang mit der Zeit gewöhnt. Alle Menschen reden von der Zeit und können nicht genug davon haben. Was aber ist die Zeit selber, die zu unserer zweiten Natur geworden ist? Gibt es eine einfache Erklärung des Wesens der Zeit? Die Frage "*Was ist Zeit?*" ist einfach zu stellen. Doch erscheint sie bei längerem Nachdenken grundlos tief. Ein Wissenschaftler, der sich in unserem Jahrhundert eingehend mit dem Phänomen Zeit beschäftigt hat, beginnt eines seiner Bücher über die Zeit mit einer Anekdote. Ein Emigrant geht in London spazieren. Nach einiger Zeit will er wissen, wie spät es ist. In der Sprache des Landes noch ungeübt fragt er einen vorübergehenden Engländer.

"Please, what is time?"

Der Engländer antwortet erstaunt:

"Why ask me? That´s a philosophical question!"

Hier wird die Frage nach der Uhrzeit als Frage nach dem tieferen Wesen der Zeit gedeutet. Dem nüchternen Engländer erscheint diese Frage zu schwierig, um mit einer einfachen Antwort abgetan zu werden. Er verweist auf die tieferen Denker, die Philosophen. Was haben die professionellen Denker aller Zeiten zu diesem Thema zu sagen? Vor 1500 Jahren hat der Philosoph und Kirchenvater Augustinus seine Gedanken über die Zeit in einem vielzitierten Ausspruch zusammengefasst.

"Was aber ist die Zeit? Werde ich danach gefragt, so weiß ich es. Will ich es aber jemand erklären, so weiß ich es nicht".

Derselbe Augustinus soll einmal einem hartnäckigen Frager, der wissen wollte, was Gott in der Zeit gemacht habe, bevor er die Welt erschuf, geantwortet haben:

"Er schuf die Hölle für die, die solche Fragen stellen".

Nach Augustinus gehört also die Zeit zu den Begriffen und Dingen unserer Welt, die ohne Frage klar sind, solange man nicht danach fragt. Wir Menschen sind offensichtlich nicht in der Lage, die Art und Weise unserer Zeitwahrnehmung zu beschreiben. Jahrhunderte nach Augustinus meinte Immanuel Kant, dass der Zeitsinn in einem gewissen Sinne angeboren ist. Zeit- und Raumvorstellungen sind a priori, d.h. sie sind ein in dem menschlichen Verstand fest verankertes Gerüst und strukturieren die chaotische Fülle der möglichen Erfahrungen. Sie sind die Voraussetzung jeder menschlichen Erfahrung überhaupt. Die komplexen Wechselwirkungen unserer Sinne mit der Welt werfen einen Schleier auf die Dinge, wie sie an sich existieren, unsere Bezugsrahmen von Raum und Zeit prägen ihnen eine menschliche Struktur auf. Wir nehmen die Welt daher gefiltert war. Kant bezeichnete die voreingestellten Raumzeitfilter als Kategorien. Ohne die Kategorien von Raum und Zeit ist die sinnvolle Erfassung der Welt der Dinge im Bewusstsein nicht möglich. Möglicherweise sind aber unsere raumzeitlichen Schranken nicht so unerreichbar und starr, wie Kant vermutet hat. Wir nehmen heute an, dass unsere Raumzeitwahrnehmung eher eine Mischung aus Intuition und gedanklicher Konstruktion ist. Durch die Weiterentwicklung des Bewusstseins verändert sich möglicherweise auch das Raumzeitgerüst der menschlichen Wahrnehmung.

Andere Philosophen betrachten dagegen Zeit und Raum nicht als Kategorien, die vor aller Erfahrung liegen. Sie nehmen an, dass die Erfahrungen selbst das primär Gegebene sind, d.h. Raum und Zeit haben nur sekundäre Qualitäten. Sie sind aus unserer Erfahrung direkt ableitbar. Ein Neugeborenes hat demnach keinen Zeitsinn. Es lernt erst nach und nach Ordnung in der Vielfalt der Sinneseindrücke wahrzunehmen. Zeit ist nur eine hilfreiche Konstruktion des menschlichen Geistes, um Ereignisse, die uns die Sinne vermitteln, im Raum besser ordnen zu können. Das so vom menschlichen Bewusstsein über das reale Geschehen gelegte Ordnungsschema wäre damit keine tiefer liegende Eigenschaft der Welt.

Obwohl die berühmten Philosophen und ihre gegenseitigen Bewunderungsgesellschaften noch viele Schriften und dicke Bücher über das Zeitproblem geschrieben haben, entzog sich das Geheimnis Zeit jeder sinnvollen Deutung. Keiner der gelehrten Denker war in der Lage, die Zeit so zu definieren, dass die Fachkollegen übereinstimmend zufrieden waren. Ein einfacher Denker der Neuzeit, Name und philosophische Richtung sind leider unbekannt, hat seine Deutung des Rätsels Zeit an einem Ort in Amerika an eine Wand geschrieben:

"Zeit ist nur eine Erfindung, um zu verhindern, dass alles gleichzeitig geschieht."

In diesem Versuch eines nachdenklichen Laien zeigt sich das Grundproblem jeder Betrachtung über die Zeit. Kann das Wesen der Zeit überhaupt widerspruchsfrei, d.h. ohne Zuhilfenahme paradoxer Metaphern, gedeutet werden? Warum entzieht sich die Zeit einer exakten, allgemeingültigen Definition?

Um einen Begriff zu definieren, muss man ihn durch andere, einsichtige und in der Regel einfachere Begriffe ersetzen können. Eine Voraussetzung einer sinnvollen Definition ist, dass jeder Aspekt des zu definierenden Begriffes durch irgendeinen der Begriffe repräsentiert wird, der für die Definition benutzt wird. Ist Zeit das, was übrig bleibt, wenn nichts geschieht? Zeit erscheint ebenso als ein psychologisches Rätsel wie ein logisches Puzzle.

Nach Meinung vieler moderner Philosophen ist jeder Versuch einer Definition der Zeit zum Scheitern verurteilt. Manche Denker verneinen sogar die Existenz von Zeit überhaupt. Es gibt nichts in der Welt, das irgendwie der Zeit ähnlich, einfacher und einsichtig wäre. Wenn also das Wesen der Zeit mit den Methoden der Logik nicht erfassbar ist, wie soll man sich ihr dann auf der Suche nach Einsicht nähern? Wir wissen zum Beispiel, dass sich Illusionen und Einbildungen nicht nach logischen Gesetzen richten. Die Zeit als ein hartnäckige Illusion aufzufassen, geht nicht nur auf einen Ausspruch Einsteins zurück, sondern ist zentrale Auffassung fernöstlicher Weltsichten. So erklären die Buddhisten immer wieder, das die Welt, wie wir sie in der Zeit sehen, Maya, Illusion, ist. Die Zeit, so lassen sich die Erkenntnisse eines Buddhas interpretieren, ist nur ein Irrtum unserer Wahrnehmung. In Wirklichkeit gibt es keine getrennten Ereignisse, keine Ursache und Wirkung, weil alles genau jetzt beginnt. Die Gegenwart, die aus der Zwangsjacke von Vergangenheit und Zukunft befreit werden soll, führt sofort auf den schwer zu fassenden Begriff der Ewigkeit.

Besitzen die Philosophen immer noch den Schlüssel zum Problem der Zeit? Oder ist die moderne Physik dazu bestimmt eine neue Vorstellung von Zeit auszuformen? Die programmatischen Entwürfe der alten Denker sind heute vielleicht aktueller als wir glauben. Denn die alten Konzepte waren immer Wissenschaft vom Ganzen, von Natur und Geist. Pointiert hat ein Wissenschaftler unserer Zeit die Behauptung aufgestellt, dass alle Theorien und Wissenschaften nur Fußnoten zur Lehre Platos seien. Der Philosoph Plato hat die berühmte Theorie vom Abbild der Zeit entwickelt. Die vergängliche Zeit ist nur unscharfes Abbild einer umfassenden Ewigkeit. Sein philosophischer Gegenpart Aristoteles bezieht sich auf die unverursachte erste Bewegung als den Grund der Dynamik der materialen Welt. Plotin beschreibt die Dynamik des Ewigen in der absoluten Ruhe ihres Selbstseins. Für Meister Eckhard ist die Ewigkeit versteckt in der momentanen Gegenwart, im Augenblick. Leibniz bezeichnet seine Bewusstseinsmonaden als den Grund der Welt. Die monadische Struktur des Universums ist prästabiliert, d.h. die gegenseitigen Beziehungen und Aktivitäten der Monaden sind für alle Zeiten harmonisch synchronisiert. Für Kant sind Raum und Zeit Rahmenkonzepte, die Möglichkeit von Erfahrung strukturieren. Sie sind vor allen Dingen und Ereignisse in der Welt irgendwie schon da. Erkenntnis und Denken sind im Menschen ohne diese Gerüst nicht möglich. Auch nach Kant bleibt die Frage stehen, ob der Mensch die ihm eigenen Schranken von Raum und Zeit wird durchbrechen können. Ist das Ding an sich, ohne den Filter Zeit, in irgendeiner Form für den Menschen erreichbar? Oder anders gefragt, was ist ein zeitfreies Sein?

In der Tradition dieser fern-östlichen Denkweise befreit sich der Mensch von der vergänglichen Welt, indem er die Gegenwart, die immer ist, als die Quelle des wahren und ewigen Seins anerkennt. Alle uns bekannten religiösen Systeme haben die Idee der Ewigkeit entwickelt. Dabei wird Ewigkeit nicht als unendliche Dauer sondern meist als eine völlig andere Seinsweise verstanden. In sollen Zeitaspekte wie Vergangenheit und Zukunft aufgehoben und in eine unauflösbare Einheit verwoben sein. Den Übergang aus einer irdischen Welt mit Kalendern und Uhren in eine andere, zeitlose Welt konnten die Naturwissenschaften mit ihrer Methode bis heute nicht nachvollziehen. Es ist dies ein grundsätzliches methodisches Problem. Der Begriff Ewigkeit ist für die logische Analyse zu diffus und widerspruchsvoll, als dass ihn die Physiker bei der konkreten Erklärung der gegenständlichen Welt gebrauchen könnten.

Die Philosophen und Theologen waren methodisch weniger festgelegt, und so ergaben sich im Laufe der Geistesgeschichte vielfältige Ideen und Spekulationen über das ewige Sein. Doch fast alle, die den Versuch wagten, das Reich der Ewigkeit zu entdecken, sind mangels überzeugender Beweise vor Erreichen des Zieles gestrandet. Friedrich Schiller hat das Dilemma verstanden, als er sagte:

"Die Gedanken sind frei, doch hart im Raume stoßen sich die Sachen."

Wie Schiller konnten viele andere Geistesgrößen den widersprüchlichen und unvollkommenen Zustand der realen, erfassbaren Welt im Spiegel einer postulierten vollkommenen und ideellen Ewigkeit nur konstatieren, aber nicht auflösen. Seit Plato gibt es andauernde Versuche, eine phantastische Welt voller zeitloser Ideen und Intuitionen mit der harten Welt der vergänglichen Dinge, der Welt der Fakten und existenziellen Probleme zu versöhnen. Die dringliche Frage, wie wir über das Verständnis des Zeitproblems zu einer Synthese unseres auseinander gefallenen Weltbildes kommen können, ist aktueller als je zuvor. Es gibt Philosophen, die davon überzeugt sind, dass wir das Rätsel des Bewusstseins nur dann lösen können, wenn wir das Geheimnis der Zeit erkannt haben. Leider haben auch die Psychologen große Schwierigkeiten beim Studium der Zeit. Ist die psychologische Zeit, die wir im Bewusstsein „fühlen", dieselbe Zeit, die unsere Physiker messen? Worin besteht der Unterschied?

In der gegenseitigen Durchdringung komplementärer Sichten dürfen die Unterschiede auf keinen Fall in einem Einheitsbrei verwischt werden. Bestimmte Grenzen zwischen philosophischen, religiösen und naturwissenschaftlichen Denkweisen und Methoden sollen und können nicht aufgegeben werden. Wenn die Naturwissenschaftler ihre unausgesprochenen Vorurteile mit Präzision und Phantasie hinterfragen und die Theologen, Philosophen und Künstler ihre Traumwelten mit den Fakten einer komplexen Realität verbinden, kann eine Wissenschaft des Integralen entstehen. Nur in der unablässigen Integration innerer und äußerer Dynamik nähern wir uns dem gemeinsamen Sinn im Hintergrund dessen, was ist, war und sein wird. Dieses stetige Bemühen um die Integration verschiedener Zeitaspekte aus komplementären Wissensbereichen ist vielleicht die einzige Möglichkeit dem Zeiträtsel näher zu kommen. Der

Bogen spannt sich von der messbaren Zeit der Physiker bis hin zu den merkwürdigen, zeittransformierenden Erfahrungen der Meditationsmeister. Wenn wir das Rätsel Zeit auflösen, finden wir dann die Ewigkeit?

KAPITEL 2

DIE ZWEI RÄUME DER ZEIT

Irgendwann im frühen Mittelalter wurde versucht, mit der Erfindung einer Räderuhr der Zeit straffe Zügel anzulegen. Das noch in Naturzyklen befangene Bewusstsein der Menschen wurde nach und nach mit einem soliden Zeitgerüst versehen. Die kontinuierlich fortschreitende Zeit einer mechanischen Uhr symbolisiert den unaufhaltsamen Aufstieg der Technikgesellschaft. Nicht die Dampfmaschine, sondern die Uhr wurde zur Grundlage für das moderne Industriezeitalter. Es gibt keinen Zweifel darüber, dass unsere heutige Technikkultur mit dem plötzlichen Stillstand aller Uhren sofort auseinander brechen würde. Die Veräußerlichung der Zeit in die objektive Gegenstandswelt ist Grundlage des reibungslosen Funktionierens von Maschine, Technik, Mensch und Gesellschaft. Dabei werden die inneren Rhythmen und Zeitgefühle des Einzelnen ignoriert und immer mehr zurückgedrängt. Die Asymmetrie der Zeit, die sich in der persönlichen Geschichte eines jeden Menschen äußert, verliert in unserer modernen Zeitgesellschaft an Bedeutung. Durch die regulierten Zeiten mit ihren Digitaluhren haben die Menschen weniger Zeit (!) sich individuell zu entfalten. Es existiert in unserer modernen Welt eine Tendenz, unverwechselbare, persönliche Geschichte im Takt der Regelmäßigkeit aufzulösen.

In unserer hochtechnisierten Welt ticken heute komplizierte Uhrwerke, die schwierige Abläufe in Wirtschaft und Technik steuern. Die Genauigkeit der Zeitmessung ist durch den Bau sogenannter Atomuhren in unglaubliche Dimensionen gewachsen. Die modernsten Uhren gehen so genau, dass sie in 100 000 Jahren um höchstens 1 Sekunde von der Zeitnorm abweichen können. In einem weltweiten Netz von Funkverbindungen werden die Zeitstandards aller Länder perfekt synchronisiert. Die genaue Uhrzeit ist im Prinzip für jeden Menschen dieser Erde verfügbar. In der Regel haben wir keine Probleme uns mit anderen Menschen auf Termine und Uhrzeiten zu einigen. Es scheint, als ob die Zeit, je präziser die technischen Uhren konstruiert sind, manipulierbarer wird. Wir streben mit unserer Technik die totale Beherrschung der Zeit an. Werden wir die Zeit besiegen? Können wir die Zeiträume beherrschbar machen? Für uns alle ist es unbezweifelbar klar, dass die ungeheuren Erfolge der modernen Technik gerade auf dem sicheren Umgang mit der Zeit beruhen. Doch diese Siege sind zweifelhaft, weil sie nicht endgültig sind. Den Zeiger seiner einzig bedeutsamen Uhr, der biologischen Uhr, kann der Mensch nicht zurückdrehen. Der Lauf des biologischen Lebens von der Geburt bis zum Tod ist unaufhaltsam, unumkehrbar und unbesiegbar. Damit kann der Mensch seine eigene Lebenszeit nicht endgültig beherrschen, er ist ihr bedingungslos ausgeliefert. Das Beste, was er sinnvoll tun kann, ist, die verfügbare Zeitspanne der Gegenwart optimal zu nutzen.

Es dürfte jedem naiven Verstand sofort einleuchten, dass wir die Raumzeitwelt mit unseren Sinnen nicht ganzheitlich überblicken. Zunächst ist klar, dass wir die Zeit nicht in der Art einer räumlichen Ausdehnung wahrnehmen. Dem wachen Bewusstsein ist nur ein winziger Ausschnitt der Zeitachse verfügbar, der dauernd vergeht. Wenn wir unsere Zeitwahrnehmung etwas genauer ansehen, so müssen wir zugestehen, dass wir nichts weiter als Augenblicke, Sekunden unmittelbar wahrnehmen. Wir können die Zeit nicht so erkennen wie etwa den Raum, der uns prinzipiell in alle Richtungen offen steht. Wir sind Gefangene der Gegenwart. Unser Gefängnis hat zwei Zeitmauern, die unser Gegenwartsbewusstsein begrenzen. Das Vorher der Gegenwart nennen wir Vergangenheit, das Nachher die Zukunft. Beide Bereiche stehen dem Menschen, der immer in der Gegenwart bleibt, nicht unmittelbar offen, die Zeitmauern sind undurchdringlich. Er kann sich körperlich weder in die Vergangenheit noch in die entfernte Zukunft versetzen. Wohl kann der Mensch mögliche Zukunftsereignisse in Gedanken vorwegnehmen oder tatsächliche Geschehnisse der Vergangenheit in sein Gedächtnis rufen. Niemals aber kann er diese zeitlich entfernten Ereignisse direkt wahrnehmen oder beeinflussen.

Zumindest glauben wir, dass wir im Prinzip frei sind, die Inhalte unserer Lebenszeit im Rahmen der gegebenen Bedingungen der Gegenwart selbst zu bestimmen. Erfahren wir aber in unserem Empfinden nicht oft genau das Gegenteil? Sind wir nicht der Zeit bedingungslos ausgeliefert? Das strenge Maß der Uhrzeit regiert unerbittlich über unser tägliches Leben. Wenn wir sie nicht mit Plan und Geschick nutzen, ist sie unrettbar verloren. Um in dieser Welt zurechtzukommen, müssen wir unsere Aktivitäten sorgfältig in der Zeit koordinieren. Wir binden uns fest an Zeitpunkte, setzen Termine und halten uns an Verabredungen. Ohne genaue Kenntnis der Uhrzeit würden wir in unserer komplexen Arbeits- und Lebenswelt nicht zurechtkommen, wir wären hilflos. Aber wir fühlen von der Zeit mehr, als wir von ihr wissen. Stimmungen, Träume und Emotionen, die sich in unserem inneren Raum bewegen, haben ihr eigenes Zeitmaß. Sie lassen sich nicht in eine konstante, lineare Abfolge von gleichen Zeitdauern zwingen. Träume haben keine objektive und logische Zeitordnung. Im Traum verlieren die Kategorien von Vergangenheit, Gegenwart und Zukunft an Bedeutung. Die Zeiten wechseln dort genau so sprunghaft wie die Orte. Wenn wir uns im Wachbewusstsein an das Traumgeschehen erinnern wollen, fällt es uns schwer, eine zeitliche Ordnung der Ereignisse zu rekonstruieren. Wir können uns aber auch außerhalb des Traumgeschehens mit Gedanken und Gefühlen in der Zeit frei bewegen. Erinnerungen springen in den Zeiten der Vergangenheit hin und her. Sie verschaffen uns Zugang zu vielen, wenn auch nicht immer allen, Zeitpunkten unserer eigenen Vergangenheit. Ist die Erinnerung gefühlsgeladen können wir einen vergangenen Augenblick intensiv noch einmal erleben. Wir haben uns so in der Zeit zurückversetzt. Werden wir nicht auch Teilnehmer eines zukünftigen Augenblickes, wenn wir unsere Hoffnungen und Empfindungen auf den morgigen Tag projizieren? Sind unsere Handlungen nicht bestimmt durch die Erwartungen an die Zukunft?

Ziele, die wir uns im Leben setzen und die wir anstreben, liegen immer in zukünftigen Zeiten. Die Vorstellungen von der Zukunft sind wichtige Triebfedern in unserem Handeln und Denken. In unserem Gegenwartsempfinden der Zeit schwingt also viel mehr mit als nur das zählbare Ticken eines imaginären Pendels. Wie oft erfahren wir, dass die messbare Zeit die wunderbare Stimmung eines Augenblickes zerstört. Gedankenverloren können wir uns einer Stimmung, einer interessanten Beschäftigung hingeben und vergessen dabei die Zeit - bis uns die Realität mit dem Rasseln eines Uhrwerkes zurückholt.

Kindern wird oft nachgesagt, dass sie in ihrem Tun zeitvergessen aufgehen können. Kinder schwimmen im Zeitraum, als gäbe es keine Zeit. Sie verlieren sich im Reich ihrer Phantasie und die messbare Uhrzeit hat keine Gewalt über sie. Die Selbstvergessenheit und die spontane Freude in ihrem Spiel sind für viele erwachsene Menschen nicht mehr möglich. Es ist eine traurige Erkenntnis, dass eine tiefere und echte Wahrnehmung der unmittelbar gegenwärtigen Welt für viele Menschen für immer verloren ist. Wir sprechen von den Lasten der Vergangenheit und von den Sorgen um die Zukunft, die uns im Augenblick bedrängen. Mit der perfekt messbaren Uhrzeit können wir unsere Aufmerksamkeit auf der linearen Zeitachse zweckmäßig verteilen. Wir organisieren den Verlauf unseres täglichen Lebens durch sorgfältig gewählte Zeitpunkte (!) und wohldefinierte Uhrzeiten. An diese isolierten Zeitpunkte koppeln wir planvoll den Beginn unserer Aktivitäten und halten uns daran fest. Der Termin morgen ist immer wichtig, er beschäftigt uns schon heute. Das Vergangene, das Erlebte wirkt nach, es besetzt oft die momentane Gegenwart. Der Ärger über einen verpassten Termin kann die korrekte Wahrnehmung der Gegenwart vollständig blockieren. Wir glauben völlig zu Recht, dass jemand, der einen vollen Terminkalender besitzt, nur wenig Zeit hat. Ein Zeitforscher diagnostiziert lakonisch:

"Zeit ist das, was wir haben, wenn wir unsere Uhren wegwerfen."

Die objektive Welt mit ihrer wohldefinierten Uhrzeit und ihren drängenden Problemen lässt wenig Raum für zeitfreies, sich selbst genügendes Tun. Wehmütig schauen die Erwachsenen dem intensiven und sorgenlosen Spiel der Kinder zu und bedauern, dass sie es verlernt haben, ohne die Sorge um den nächsten Termin und die in der Zukunft wartenden Aufgaben, einfach zu spielen. Die vollständig durchorganisierten Zeiträume des modernen Menschen verdrängen das tiefe Empfinden der Qualität einer Erlebniszeit. Tätigkeiten werden nach Plan und Zeitraster konsequent vollzogen, unabhängig von der jeweiligen inneren Situation des Menschen. Die Zeit ist das kostbarste Gut, das wir haben, denn sie ist nicht erneuerbar. Deshalb muss sie optimal verwertet werden. Die eingeteilte, ökonomisch nutzbare Zeit entfernt sich so immer mehr von der Fülle des Lebendigen. Wir modernen Menschen des Zeitalters digitaler Uhren versuchen die Zeit durch Zerstückelung verfügbar zu machen. Wir versuchen möglichst viel in der Zeit unterzubringen. Dabei geht die natürliche Einheit von Körper, Emotion und Denken verloren. Der harmonische Zusammenhalt von Leib, Seele und Geist wird mit der linearen, objektivierten Uhrzeit ebenfalls aufgeteilt und zersplittert.
Und wir täuschen uns selbst, wenn wir annehmen, dass wir wissen was Zeit ist, weil wir wissen wie spät es ist.

Der Raum außen hat ein objektives Maß der Zeit, das wir oft als starr, zwingend und leblos empfinden. Im inneren Raum der Psyche färben wir das Maß der Zeit mit Emotionen, es vibriert im Rhythmus lebendiger Anschauung.

Was ist nur diese merkwürdige Qualität eines subjektiven Gefühles der Zeit? Haben wir durch den übermäßigen Gebrauch der Uhren eine tiefere Zeitwahrnehmung verdrängt? Der Begriff der Zeitwahrnehmung selbst ist nicht ganz korrekt, denn die Zeit selber können wir überhaupt nicht direkt wahrnehmen, wohl aber Prozesse, Veränderungen und Bewegungen in der Zeit. Die Illusion, dass die Zeit messbar ist, entsteht nur, wenn wir eine Uhr in Aktion beobachten. Die Zeit ist für unsere Sinne niemals objektiv erfassbar. Wir können wohl sagen "*Gib mir Zeit*", doch gibt es keine Transaktion, bei der wir so etwas wie Zeit übergeben. Die Realität der Zeit ist eher vergleichbar mit der Realität von Furcht, von Schmerz oder von der Bewegung eines Körpers.

Aus einer wissenschaftlichen Perspektive gesehen ist Zeit so ein abgeleitetes Konzept, abgeleitet aus der fundamentalen Wahrnehmung von Prozessen. Zyklische Prozesse, die uns gleichmäßig genug (in Bezug auf Was?) erscheinen, werden als Uhren benutzt. Messung der Zeit ist die Beobachtung einer periodischen Veränderung relativ zu einem festen Objekt: z.B. der (scheinbare) tägliche Weg der Sonne über den festen Grund der Erde, der periodische Wechsel der Jahreszeiten, das Verrinnen des Sandes in einem festen Glasgefäß oder gar die Schwingungen im Kern eines Cäsiumatoms.

Es wird dabei von der Wissenschaft angenommen, dass zwischen den zwei Momenten, die Anfang und Ende der Periode markieren, jeweils gleiche Zeitdauern existieren. Die beiden Momente des Anfangs und des Endes der Zeiteinheit sind aber niemals in der unmittelbaren Gegenwart, beide sind schon vergangen, wenn sie von den Wissenschaftlern gemessen werden. Wir zählen die Zyklen und glauben damit die Zeit zu messen. Was bleibt aber übrig, wenn wir das Messbare abziehen?

Schon die Sprache verrät vieles über die formbare, wechselhafte Eigenschaft unseres subjektiven Zeitempfindens. Man kann die Zeit totschlagen, verbringen, stehlen und gewinnen. Die Stimmung eines Augenblickes können wir erfahren und die Gunst der Stunde nutzen. Zeit verfließt und vergeht, sie läuft uns davon und läuft ab. Sie holt uns ein und sie ist reif. Zeit ist Geld und man kann Zeit sparen. Sie heilt Wunden und trägt vielfältige Früchte. Der Zahn der Zeit nagt unerbittlich an den Dingen unserer Welt. Unsere Zeit steht Kopf und ist verrückt. Sie kommt nicht wieder und macht keine Sprünge. Das Wesen der Zeit verkörpert sich in unserer Sprache mehrdeutig, verwirrend und widerspruchsvoll. Wenn man z.B. eine Konferenz mit den Worten beschließt: "*Nächste Woche trifft sich diese Gremium zur selben Zeit*" wissen alle Beteiligten, was gemeint ist. Die logische Analyse zeigt allerdings, dass wir uns niemals zur selben Zeit wieder treffen können. Die Mischung von Zeitformen findet sich auch am Anfang der Konferenz, wenn der Vorsitzende mit den Worten eröffnet: "*Wir werden jetzt beginnen*". Der alltägliche Umgang mit der Zeit und den Zeiten in der Sprache stößt unablässig gegen die klaren Grenzen der Grammatik. Der tiefere Grund dafür liegt darin, dass wir das Wesen der Zeit nicht begreifen.

Der Zeitbegriff, der uns vom sicheren Gebrauch mit den Uhren nahegelegt wird, ist nicht der Begriff, den unsere innere Stimme, unser psychologisches Empfinden meint. Da beide Begriffe sich des allgemeinen und facettenreichen Wortes "Zeit" bedienen, sind Missverständnisse und Verwirrungen vorprogrammiert. Zeit ist offensichtlich mehr, als man von ihr objektiv sagen kann. Die menschliche Zeit hat einen Ablauf, der sich in einem verwirrenden Wechselspiel vieler Faktoren vollzieht. Die erlebte Zeit ist in ein komplexes Beziehungsnetz verknüpft. Unsere Zeiterfahrung geschieht im Zusammenwirken von mentalen Prozesse, Emotionen und auch Hormonen. Wenn wir untersuchen wollen, wie wir die Welt und ihre Ordnung wahrnehmen, stoßen wir immer wieder auf das undurchdringliche Problem unserer eigenen, inneren Zeitwahrnehmung. Dieses Problem scheint fundamentaler und auch rätselhafter als alles andere. Wie strukturieren wir die Welt mit unserer inneren Zeit?

Der Dichter Angelus Silesius hat dies in seinem *Cherubinischen Wandersmann* einprägsam beschrieben:

"*Du selber bist die Zeit: Das Uhrwerk sind die Sinnen, hemmst Du die Unruh drinnen, so ist die Zeit von hinnen*".

Unsere inneren Zeiten haben oft ihren eigenen, unverwechselbaren Rhythmus. Dann erfahren wir manchmal, dass diese unsere innere Zeit mit der Zeit von anderen Menschen oder mit der objektiven Zeit draußen in der Welt nicht synchron geht. Die innere, erlebte Zeit eines Menschen lässt sich oft durch das aufgezwungene Maß der objektivierten Zeit zudecken, aber sie lässt sich nicht leugnen. Sie hat unbezweifelbar ihre eigenen Qualitäten. Unsere menschliche Schnittstelle nach Innen öffnet sich zu einem unendlichen Raum, an dem alle Menschen irgendwie Anteil haben. Es ist das mentale Universum der Symbole, der Bilder, Ideen, Vorstellungen, Gedanken und Träume. Es ist wahrhaft unergründlich und besitzt, wie wir langsam zu ahnen beginnen, eine eigene, fundamentale Realität. Das menschliche Maß der Zeit, das mit den mentalen Räumen verbunden ist, wirkt subtiler und differenzierter, als die eindimensionale und lineare Zeit der Außenwelt. Es ist durchaus denkbar, dass gerade die Erforschung des inneren Raumes mit einem eigenen und humanen Maß der Zeit für die Zukunft unserer Gattung von großer Bedeutung ist. Wie die Wachstums- katastrophen unserer planetaren Welt deutlich zeigen, genügt die alleinige Verwendung der messbare, lineare Zeit nicht, um mit der harten Realität des Außenraumes fertig zu werden.

KAPITEL 3

DAS FLIESSEN DER ZEIT

Jetzt ist der Zeitpunkt, der die Zukunft von der Vergangenheit trennt. Jetzt aber ist niemals da. Wie der alte Homer gesagt haben soll, ist die Gegenwart zum darauf Sitzen ebenso unbequem wie die Schneide eines Messers. In seinem Gegenwartserleben und Tun verwandelt der Mensch also potentielle Zukunft in faktische Vergangenheit. Dieses fortgesetzte Vergehen der Gegenwart in die Vergangenheit und das Hereinbrechen einer oft unerwarteten Zukunft ist ein Prozess, den bisher kein Mensch hat aufhalten können. Der Gegenwartspunkt unseres Bewusstseins wandert unaufhörlich in eine Richtung und enthüllt uns immer neue Ansichten der Welt. Die Bewegung der Gegenwart des Bewusstseins ist es, die eine Illusion der fließenden Zeit aufrechterhält.

Ob wir die Zeit kriechend oder wie im Fluge vergehend wahrnehmen, hängt davon ab, mit welchen Emotionen wir die Dauer des Augenblickes begleiten. Aber immer ist die Zeit in Bewegung. Für die tief in der Zeit verankerte Idee der Bewegung ist es gleichgültig, ob Zeit durch uns fließt oder ob wir uns durch die Zeit bewegen. Zeit wird als ein unaufhörlicher, konstanter Fluss von inneren und äußeren Ereignissen erfahren. Wir alle haben jederzeit das untrügliche Gefühl, dass die Zeit verstreicht. Wir unterscheiden problemlos die im Gedächtnis fixierte Vergangenheit von der im Bewusstsein hell erleuchteten Gegenwart, die dauernd in die Vergangenheit verschwindet und aus der Zukunft neu entsteht. Was aber bewegt sich und nimmt eine Richtung, die wir übereingekommen sind als die Zukunft zu bezeichnen? Wenn die Zeit verfließt, in Bezug auf welches ruhende Ufer bewegt sie sich? Außerdem ist nicht klar, welche Art von Flüssigkeit der Fluss der Zeit transportiert. Es muss ein seltsamer Fluss sein, dessen Essenz nicht materiell ist. Glauben wir, dass uns die Zeit und ihre Inhalte entgegenströmen oder trägt der Zeitfluss uns mit sich fort? In welche Richtung geschieht das Fließen? Kommt uns die Zukunft entgegen oder fließt die Vergangenheit zur Gegenwart, um sie in sich aufzunehmen? Oder sitzen wir in einem Boot auf dem Zeitfluss, das uns durch die Landschaften trägt, die schon immer da waren, da sind und da sein werden? Ist es möglich, dass die Zukunft als feste Uferlandschaft bereits existiert?

Ein weiteres Problem ist die Frage nach der Geschwindigkeit des Fließens. Vergeht die Zeit immer mit der gleichen Rate? Oder gibt es bestimmte Gelegenheiten bei denen sie schneller, andere bei denen sie langsamer fließt. Es ist offensichtlich, dass Prozesse, die in der Zeit ablaufen, umgekehrt etwas über die Zeit aussagen. Kann man sich das zur Messung von "Zeitgeschwindigkeit" zu Nutze machen? Die ersten Versuche der Menschen, die Zeit messbar zu machen, benutzten das Fließen von besonderen Substanzen. Wasser- und Sanduhren spiegeln sehr suggestiv in ihrer Funktionsweise das unaufhörliche Verrinnen von Zeit, auch von Lebenszeit.

Die Bewegtheit der Zeit im Bilde des Flusses hat die philosophischen Geister aller Zeiten fasziniert. Insbesondere unter den alten, griechischen Philosophen wurden die Gegensatzpaare "Wechsel" und "Dauer" sowie "Sein" und "Werden" im Zusammenhang mit dem Zeitbegriff kontrovers diskutiert. Dem griechischen Philosophen Heraklit wird der berühmte Ausspruch zugeschrieben:

"Alles fließt."

Er soll auch gesagt haben:

„Niemand steigt auch nur zweimal in denselben Fluss".

Einer seiner Nachfolger, Cratylus, behauptete sogar:

"Niemand steigt auch nur einmal in denselben Fluss".

Denn während man in einen Fluss steigt, hat der Fluss sich schon geändert. Für Heraklit ist die Realität in ständigem Wechsel begriffen. Nichts ist wirklich, wenn es sich nicht bewegt. Alle Dinge fließen und nichts steht still. Dauer und Konstanz in den Erscheinungen sind nur Illusion, alles was ist, muss sich bewegen. Nur das Gesetz der ständigen Bewegung von allem darf sich nicht ändern. Das Paradoxe dieser Überlegungen von Heraklit trifft eine alte chinesische Weisheit mit einer ähnlichen Formel:

"Nichts ist dauerhafter als der Wechsel".

Schließt nach Heraklit die Idee einer fließenden Allwelt die Unmöglichkeit einer logisch festen Theorie über den Kosmos mit ein? Wollte er mit der endgültigen Formel "*Alles ist Veränderung*" den Denkprozess kreisförmig auf sich zurückwerfen? In einem Kosmos in dem die Bewegung vor keiner Grenze Halt macht, verschwimmt auch das Rätsel der verfließenden Zeit im irrelevanten Ozean der logischen Widersprüche. Wenn wir also in einem "fließenden Universum" existieren, können wir zwar behaupten, dass unter uns Wasser fließt, das dauernd ein anderes ist, der Fluss aber ist immer derselbe. Alle Bewegung aber ist nur denkbar in Bezug auf einen festen Hintergrund, gegen den sich die Bewegung abhebt. Mit welcher Geschwindigkeit bewegt sich die Zeit, wenn sie verfließt? Bei einer Bewegung verstehen wir in der Regel eine räumliche Veränderung in der Zeit. Was für einen Sinn kann dann die Behauptung haben, die Zeit verändere sich in der Zeit? Für den Naturwissenschaftler ist die Geschwindigkeit der Zeit ein absolut sinnloser Begriff. Wie soll man die Rate des Zeitflusses bestimmen? Der physikalische Begriff der Geschwindigkeit setzt doch gerade ein Zeitmaß als gegeben voraus. Wie soll die Einheit der Zeitgeschwindigkeit heißen, etwa 1 Sekunde pro...? Ein witziger Physiker veranschaulichte das Paradox mit der Bemerkung:

"Der Mensch reist auf dem Raumschiff Erde mit der Zeitgeschwindigkeit von 24 Stunden pro Tag in die Zukunft."

Zu behaupten, dass die Zeit verfließt, ist sinngemäß dasselbe als behaupte man, die Länge ist ausgedehnt. Logisch betrachtet ist die Aussage " Zeit verfließt" Unsinn. Denn die Frage "Relativ zu was?" kann man nicht widerspruchsfrei stellen. Erstens ist die Zeit kein Ding, sie ist vielmehr in allen Dingen vorhanden, und zweitens hat sie keine Geschwindigkeit, denn sie ist die Voraussetzung jeder Messung von Geschwindigkeit.

Ein Ausweg aus dieser Problematik wäre die Einführung einer sogenannten Metazeit, mit deren Hilfe die Geschwindigkeit unserer Zeit gemessen werden kann. Damit ist das Verfließen unserer Zeit erklärbar, aber für den Lauf der Metazeit muss zwangsläufig eine Meta-Meta-Zeit postuliert werden, usw. Ob ein Regress unendlich vieler Zeiten logisch durchsichtiger, ist kann mit Recht bezweifelt werden. Aber warum beharren wir dann uneinsichtig auf einer Beschreibung der Zeit mit Bewegungswörtern? Die Tage und Stunden "*vergehen*", Ereignisse "*folgen aufeinander*", Ostern "*rückt näher*" und der letzte Sommertag "*entschwindet*". Die Zeit "*läuft uns davon*". Viele Jahre "*ziehen vorbei*". Das Sinnbild der verfließenden Zeit ist alltäglicher Bestandteil unserer Rede. Können wir überhaupt das Bild der sich bewegenden Zeit vermeiden, wie soll man anders über die Zeit sprechen? Versuche, die Zeit als fließenden Raum und den Raum als erstarrte Zeit zu bezeichnen, erweitern nur die Liste intelligenter Metaphern, ohne uns das Zeitfließen deutlicher zu machen. Was hat z.B. die Zeit zwischen der Gründung Roms und der Entdeckung Amerikas gemacht? Genau wie ein Fluss nicht stromaufwärts fließt, so kann die Zeit auch nicht von der Entdeckung Amerikas in Richtung der Gründung Roms laufen. Wir glauben daher, die Zeit habe genauso wie der Fluss eine ausgezeichnete Richtung. Schließen wir analog weiter, dass die Zeit verfließt, verfangen wir uns unweigerlich in logische Widersprüche. Wenn dem wörtlichen Verständnis vom Vergehen der Zeit kein Sinn gegeben werden kann, wie soll man es dann verstehen?

Dichter und Denker haben über Jahrhunderte unserer Kulturgeschichte am Symbol des Zeitflusses festgehalten, ohne das Mysterium der Zeit dadurch aufzulösen. Im Bilde des dahinströmenden Wassers ist eine Qualität unserer Zeitauffassung ausgedrückt, die wir mehr fühlen als logisch exakt beschreiben können. Was sollen wir uns also unter dem ruhenden Ufer vorstellen, wenn alle wahrnehmbaren Erscheinungen fließend, also im Fluss sind? Denkt man dieses Bild zu Ende, dann ist unsere reale Welt vielleicht nur die Form eines schwankenden Spiegelbildes im unergründlichen Wasser der Erscheinungen, erzeugt von festen Urbildern, die am Rande des Flusses stehen. Die zeitlosen Urbilder stehen jenseits einer sich stetig ändernden und fließenden Welt.

Als Urheber von Gedanken über eine zeitlose Welt von reinem Sein gilt die anerkannte Autorität unter den griechischen Philosophen, Plato. Er beschreibt in seiner Schrift "*Timiaos*" die seltsam unangreifbare Figur eines Weltenbaumeisters, des Demiurgen, der auch die Zeit erschafft. Der Demiurg ist es, der den Bau des Kosmos beginnt. Er bringt Ordnung in ein ursprüngliches Chaos, indem er es Regeln, den Naturgesetzen, unterwirft. Nach Plato ist die Struktur der materialen Welt, die durch den göttlichen Baumeister erschaffen wird, auf ideale geometrische, unwandelbare Formen und Ideen zurückführbar. Das physikalische Weltall ist im Gegensatz zum idealen Modell, nach dem es erbaut wurde, einem ständigen Wechsel unterworfen.

Und die Zeit ist nun der Aspekt von Veränderung, der die Lücke zwischen den beiden Welten, dem materialen Kosmos und dem idealen Sein, überbrücken soll. Das wird deutlich in der berühmten Textstelle, in der Plato die Zeit als ein sich bewegendes Abbild der Ewigkeit beschreibt.

"*Die Natur des vorbildlichen Lebewesens war aber nun ewig. Diese Eigenschaft dem entstandenen Abbild ganz und gar zu verleihen war zwar nicht möglich, aber er nahm sich vor eine Art bewegtem Abbild der Ewigkeit zu schaffen. Während er also den Sternenhimmel einrichtete, stellte er zugleich ein ewiges, der Zahl nach fortschreitendes Abbild der in der Einheit bleibenden Ewigkeit her, jenes, das wir Zeit genannt haben. Er verfertigte nämlich damals Tage, Nächte, Monate und Jahre, die es nicht gab, bevor der Sternenhimmel entstand, zugleich mit jenem ihre Entstehung Bildenden. All dies sind Teile der Zeit.*"

(Platons Timaios – Die Schrift über die Natur, Kapitel 10, Seite 41, Übersetzung Dr. R. Kapferer, Hippokrates-Verlag, Stuttgart, 1952)

Vom Kosmos, wie von der Zeit, wird gesagt, dass der Demiurg seine Schöpfung als Geschenk für die ewigen Götter vorgesehen hatte. Um aber sein Abbild dem Urbild noch ähnlicher zu machen, habe er dem Kosmos die Zeit gegeben. Hier erscheint die platonische Darstellung eines Anfanges der Welt auf ein Paradox hinzuführen, dass nämlich mit der Erschaffung der Welt auch die Zeit geschaffen worden ist. In einem bestimmten Augenblick der Ewigkeit soll also die Zeit begonnen haben? Was war dann vor diesem Zeitpunkt Null des Schöpfungsanfanges? Sollte die Zeit etwa in der Zeit entstanden sein? Das würde eine zweite Zeit voraussetzen und damit das Problem des Zeitanfanges nur verschieben, ohne es zu lösen. Leider haben die Begriffe "*entstehen*", "*beginnen*" und "*erzeugen*" einen zeitlichen Sinn und sind nur schwer auf Sachverhalte anzuwenden, die außerhalb jeder Zeit stehen. Um Widersprüche logischer Art zu vermeiden, bleiben, wie so oft im Zusammenhang mit dem Zeitproblem, nur die Lösungsversuche in Form von metaphorischen Deutungen. Plato wäre nicht der berühmte Philosoph, wenn er da nicht sein Bild von dem perfekten, ewigen Lebewesen oder der Idee des obersten Guten weiterentwickelt hätte. Nach seiner Theorie haben nämlich Zeitaspekte wie Vergangenheit, Gegenwart oder Zukunft in Bezug auf das göttliche und vollkommene Wesen, d.h. das lebendige Reich der ewigen Ideen, keine Bedeutung. Man kann von dem ewigen Wesen nur sagen, es ist, aber niemals es war oder es wird sein. Die fließende Zeit ist mit und in der Welt entstanden. Sie kann man nicht von den sich ändernden Erscheinungen der geschaffenen Welt trennen. Sie hat keine unabhängige, eigene Existenz von den Dingen des Kosmos, der man Eigenschaften wie Fließen und Vergehen geben kann. Außerhalb allen Wechsels gibt es keine Zeit. Für Plato gibt es kein "*in das Sein kommen*" in der physikalischen Welt, dort gibt es nur Erscheinungen, Abbilder, flüchtig und vergänglich. Wirkliches Sein haben nur die reinen Ideen und Formen. Sie allein sind unveränderlich, wahr und ewig ruhend. Die Zeit ist also eine innere Eigenschaft der vergänglichen und verfließenden Erscheinungswelt und ist damit ebenfalls nur Erscheinung. Daraus folgt, dass die Zeit ihrer Natur nach nicht wirklich seiend, nicht real ist. Die fließende Zeit ist damit eine, wenn auch hartnäckige Illusion. Daher ist auch das Problem der Zeit ohne Bedeutung. Die Vorstellung vom Fluss der Zeit verhindert die wahre Einsicht in das intensive, qualitätsvolle Leben des echten Seins.

Inwieweit sich der Mensch über die Wahrnehmung von nur flüchtigen Augenblicken einer vergänglichen Welt hinausheben kann, ist für Plato ein tiefes Problem. In seinem berühmten Höhlengleichnis deutet er eine Lösung an. Der Mensch muss sich losketten und sich von den wesenlosen, fließenden Schattenbildern an der Höhlenwand abwenden, um außerhalb seiner Höhle das Licht und die Gegenstände des immerwährenden Seins zu erblicken. Nur in der tieferen Wahrnehmung einer zeitlosen, dynamischen Gegenwart, in der alle Zeitaspekte aufgehoben sind, ist die ewige Realität erfahrbar. Wie Plato vermutete, müssen wir nicht etwa biologische oder naturgesetzliche Schranken überwinden, um diese ewige Realität zu kontaktieren. Das Problem liegt in unserer geistigen Innenwelt. Wir müssen die mentalen Barrieren einreißen, nur dann eröffnet sich uns ein Weg aus der Höhle. Doch das ist es gerade, was die Mystiker des Mittelalters, die Anhänger Buddhas und die Mönche des Zen immer wieder behauptet haben.

KAPITEL 4

GEFANGENE ZEIT IM RHYTHMUS DER NATUR

Mit den Anfängen des menschlichen Denkens ist das Erleben einer zyklischen Form von Zeit aufs Engste verbunden. Die zyklische Zeit liegt außerhalb des menschlichen Bewusstseins. Sie ist die Zeit der Natur selber. Der prähistorische Mensch befand sich in enger Verbundenheit mit den Rhythmen der Natur. Fast alle natürlichen Prozesse, die die Menschen damals in der Natur beobachten konnten, waren periodischer Art. Seit Urzeiten sahen die Menschen den eindrucksvollen Kreislauf der Gestirne und den konstanten Wechsel der Jahreszeiten. Pflanzen, Tiere und Menschen passten sich nicht nur ihrer räumlichen Umgebung an, sondern auch an die kosmischen Rhythmen. So stehen z.B. die Zyklen des Mondes bei vielen Lebewesen in Resonanz mit Veränderungen in der Körperchemie.

Die Wahrnehmung der Zeit war bei den naturnahen Menschen der Frühzeit mit Sicherheit von anderer Qualität, als bei dem modernen Zivilisationsmensch heute. In dieser mythischen Vorzeit war das Ichbewusstsein des Menschen noch nicht stark entwickelt, zu sehr war es den übermächtigen Rhythmen der Natur ausgesetzt. Es befasste sich nicht mit einer Wissenschaft vom Leben, es war das Leben selber. Für den naturhaften Menschen der Urzeit war es sicherer, im Strom des pulsierenden Lebens aufzugehen, als sich titanenhaft zu behaupten. Die gewaltigen Rhythmen der organischen Ökosphäre und die unveränderlichen Zyklen der Gestirne dominierten das Bewusstsein der frühen Menschen. Für sie waren die natürlichen Rhythmen ausschlag-gebend, sie sind erfüllt mit vibrierendem Leben. Vollmond und Neumond, Ebbe und Flut, Sommer und Winter, Tag und Nacht, sie alle waren das Maß einer im Kreise verlaufenden Zeit. Der kommende Frühling ist die Wiederkehr des vergangenen Frühlings. Dieses Jahr ist auch das nächste Jahr. Es gab eine Zeit für das Wachsen, es gab eine Zeit für das Ernten der Pflanzen. Der immer wiederkehrende Zyklus von Geburt, Leben und Tod war ewig. Insofern ist die Zeit, in der sich das Drama von Geburt, Tod und Wiedergeburt vollzieht, unendlich, ohne Anfang und ohne Ende. Diese ewig wiederkehrende Ordnung der Himmelssphären und der harmonische Zyklus der Jahreszeiten waren Sinnbild einer Zeit, die in sich zurückläuft. So ist die Geburt eines Tages eine Bewegung im Zeitstrom, bereit für das Heranfließen neuer Inhalte, doch gleichzeitig ist der Tagesbeginn Repräsentant einer ewigen und starren Ordnung, wiederkehrend und die Einheit des Menschen mit der Natur bestätigend. Damit verlieren die Aspekte Gegenwart, Zukunft und Vergangenheit ihre Bedeutung. Das Leben ist ewig gegenwärtig.

In den primitiven Frühkulturen war die Schlange, die sich selbst in den Schwanz beißt, ein tief verankertes Symbol der zyklischen Natur. Spätere Hochkulturen haben die Idee der zyklischen Zeit weiter bewahrt. So kennen die Inder einen Begriff von Zeit, der sich in der Lehre von den zyklischen Weltzeitaltern widerspiegelt. Ein kompletter Zyklus wurde ein Yuga genannt. Vier Yugas vollenden einen göttlichen Zyklus von 4 320 000 Jahren. Das erste Yuga ist ein goldenes Zeitalter und dauerte 1 728 000. Es wurde von einem Zeitalter minderer Qualität gefolgt wird. Das vierte Yuga, das Kali-Yuga, entspricht nach hinduistischer Überlieferung unserer heutigen Welt. Es wird das schreckliche Zeitalter genannt und hat eine Dauer von 432 000 Jahren. Am Ende dieses Yugas erfolgt die große Auflösung und die endgültige Zerstörung der Welt. Danach wird das Universum neu organisiert und der ewige Gott Brahma beginnt einen neuen Tag.

Natürlich hat die zyklische Zeit auch ihren dunklen Aspekt. Zyklische Zeit kann auch als eingeschlossene Zeit verstanden werden, aus der es keinen Ausweg gibt. Alle Ereignisse einer kosmischen Periode müssen sich in einer zyklischen Zeit zwangsläufig wiederholen. Die Wiederkehr des ewig Gleichen erscheint auf Dauer eintönig. Das Rad von Geburt und Tod, von Sommer und Winter, ist endlos und die Lebewesen sind im Kreislauf des Seins für immer gefangen. Nicht einmal der Tod bietet eine Erlösung. Die indischen Lehren betrachten das Gefangensein im Rad des Lebens als einen Zustand, den nur der erwachte Geist verlassen kann. Ein erleuchteter Yogi oder Buddhist darf die Kette der Reinkarnationen abbrechen, indem er mit Hilfe von Meditationen die Sinnlosigkeit dieser Seinsweise transzendiert. Er erkennt das Spiel der Gegensätze und erhebt sich über die gefangene Welt in das Nirwana.

Allerdings waren die in das Rad des Lebens verwobenen Urmenschen nicht in der Lage, über das Nirwana oder die Nachteile der zyklischen Zeit zu reflektieren. Selbstbewusstsein scheint eher eine späte Erfindung der Natur zu sein. Für das archaische Bewusstsein der frühen Menschen existierte eine tiefliegende Einheit zwischen inneren und äußeren Vorgängen. Wir modernen Menschen können uns selbst nur als Subjekt und abgespalten von der objektiven Welt wahrnehmen. Für den Urmenschen scheint es eher umgekehrt gewesen zu sein. Die Mutter Erde, die ihn umfassende Welt war das Subjekt. Er empfand sich als manipulierbares Objekt einer willkürlichen, animierten Natur. In seinem Bewusstsein tobten die lebendigen Kräfte der Natur und er war ihnen ohnmächtig ausgeliefert. Ebenso wie die Tiere waren die Urmenschen der Einheit von Erfahrung und Sein näher als wir Menschen heute. Für uns moderne Menschen ist diese Form einer lebendigen und dauerhaften Lebensordnung kaum nach-vollziehbar. Und doch, so sagen die Gelehrten und Forscher des vorkulturellen Bewusstseins, muss es so gewesen sein: die sogenannten Primitiven, Menschen aus einer Zeit lange vor den Hochkulturen, lebten unbewusst im Fluss der zyklischen Naturereignisse. Ihr Bewusstsein befand sich immer in der Gegenwart, ohne die intellektuelle Erfahrung von Zeitaspekten. In einer Art unbewusster Verwobenheit mit den Rhythmen der Natur war das ein eher paradiesischer Zustand. Ein überliefertes indianisches Gedicht drückt diese Sicht des Lebens in der Natur poesievoll aus:

"Der Fluss strömt, die See singt. Die Weltmeere dröhnen. Die Gezeiten erheben sich. Wer bin ich? Ein kleiner Kiesel an einem riesigen Strand. Wer bin ich, dass ich frage, wer ich bin? Ist es nicht genug - zu sein?"

Das Kreisen der lebendigen Zeit war mit dem Anfang der Neuzeit zunächst vergessen. Im 19.Jahrhundert gab es allerdings einen Denker von Rang, der die Idee des Zeitkreises in seinen philosophischen Spekulationen aufnahm. Der Philosoph Friedrich Nietzsche vertrat die alte Idee einer exakt kreisförmigen Zeit, in der alles wiederkehrt, ewig wiederkehrt. Damit stand er in Kontrast zum etablierten Wissen seiner Epoche, die mit der Annahme einer einsinnig bis ins Unendliche verlaufende Zeit gut leben konnte. Die ungeheuren Erfolge der Mechanik und Technik hatten das menschliche Bewusstsein gerade auf die eindimensionale Zeit konditioniert. Interessant ist, dass etwa zur selben Zeit, also im ausgehenden 19.Jahrhundert, einige wenige anerkannte Vertreter der physikalischen Wissenschaften Vermutungen anstellten, die denen von Friedrich Nietzsche ziemlich nahe kamen.

In einer auf eine endlose Zukunft programmierten Welt des 19.Jahrhunderts müssen die Gedanken Nietzsches und die Theorien einiger zeitgenössischer Physiker über die Wiederkehr der Welt widersinnig angemutet haben. Das Universum war in Zeit und Raum unendlich ausgedehnt. Es kam aus einer unendlichen Vergangenheit und strebte in eine unendliche Zukunft. Nirgendwo gab es Hinweise, dass sich die Evolution des Planeten Erde und seiner Bewohner im Kreise dreht.

Auch die Geschichte des Menschen ist unwiederholbar. Der Glaube an den ewigen Fortschritt wurde durch das lineare Zeitbewusstsein und die erfolgreiche Technikentwicklung enorm verstärkt. So musste die Idee einer kreisförmigen Zeit in der zweiten Hälfte des 19.Jahrhunderts recht seltsam erscheinen. Die zu dieser Zeit entwickelten physikalischen Theorien zur Wiederkehr ähnlicher oder gleicher Weltzustände haben ihren kompetentesten Vertreter in Ludwig Boltzmann gefunden. Der Physiker Boltzmann begründete die kinetische Gastheorie und ihre Einbindung in die allgemeine Thermodynamik. Die Thermodynamik erklärt, vereinfacht ausgedrückt, wie sich große Mengen von Atomen in einem System verhalten.

Die Makrozustände eines Gases werden durch die Größen Temperatur, Volumen und Druck beschrieben. Die Grundgleichungen der Thermodynamik beschreiben wie die Größen Volumen, Temperatur und Druck in einem geschlossenen System zusammenhängen. In einem Gas, das sich in einem endlichen Volumen befindet, bewegen sich eine Unzahl von Mikroteilchen, die Atome und Moleküle, chaotisch hin und her. Durch die dynamische Konstellation von Mikroteilchen ist der Makrozustand festgelegt. Boltzmann lieferte nun einen sehr nüchternen Beitrag zu Nietzsches Idee von der ewigen Wiederkehr. Er berechnete die mittlere Zeitdauer, die vergehen muss, bis eine Trillion Moleküle eines verdünnten Gases (in einem Kubikzentimeter bei Zimmertemperatur und 1/30 Atm Druck) wieder dieselbe Stellung zueinander hätten. Es ist eine unvorstellbar große, aber trotzdem endliche Zeitdauer.

10^{120} Jahre !

Boltzmann nahm nun an, dass die Anzahl aller Atome des Universums und das gesamte Volumen, das sie einnehmen, von endlicher Größe sind. Im physikalischen Weltbild der damaligen

Zeit waren beide Annahmen durchaus gerechtfertigt und wurden von der Mehrzahl seiner Kollegen akzeptiert. Durch eine bestimmte Konstellation seiner Mikroteilchen ist der Makrozustand des Universums eindeutig bestimmt. Die Anzahl aller möglichen Kombinationen der Mikroteilchen ist ungeheuer groß, aber trotzdem endlich. Das Universum kann, nachdem es alle überhaupt möglichen Konstellationen durchlaufen hat, nur schon vorher da gewesenen Zustände wiederholen. Die Zeit, die das Universum im Durchschnitt braucht, um zu einer alten Konstellation zurückzukehren, ist ebenfalls endlich. Die Makrozustände des Universums können sich nicht nur einmal wiederholen, sondern sie müssen, wenn auch nach unvorstellbar großen Zeiträumen, immer wiederkehren. Jedes Geschehen in der Welt muss nach dieser Vorstellung wiederkehren, ja sich sogar unendlich oft wiederholen. Die Weltdauer eines vollen Umlaufs ist endlich. Daher muss die Welt als Ganzes ewig wiederkehren und sich wiederholen.

Es ist hier festzustellen, dass der Begriff der linearen Zeit durchaus mit dem der kreisförmigen Zeit verträglich ist. Im Extremfall lässt sich nämlich die lineare Zeit als kreisförmige Zeit auffassen. Die gerade Linie ist im mathematischen Grenzfall ein Kreis mit unendlichem Radius. Auch praktisch kann man eine kreisförmige Zeit nicht von einer geradlinigen Zeit unterscheiden. Eine geradlinige Zeit, in der sich das Universum mit einer konstanten Periode unendlich oft wiederholt, hätte dieselben physikalischen Eigenschaften wie das Universum einer kreisförmigen Zeit. Vom Standpunkt der Innenzeit, d.h. von der Existenz innerhalb eines Zyklus kann die Wiederholung nicht eindeutig bewiesen werden. Dazu müsste eine Position außerhalb der kreisförmigen Zeit eingenommen werden.

Natürlich gab es Gegenpositionen zum Boltzmannschen Wiederkehrtheorem. Es wurde argumentiert, dass zumindest die unendliche Wiederholung gleicher Weltzustände logisch nicht haltbar ist. Woher wissen wir denn, dass dieser jetzige Zustand die identische Wiederholung eines vorherigen Zustandes ist? Um festzustellen, ob sich ein bestimmter Weltzustand wiederholt, muss der Mensch von dem früheren Zustand Kenntnis besitzen. Aber dieses Wissen von dem früheren Zustand der Welt ist gerade der Unterschied, der die beiden Weltzustände nicht gleich macht. Im entsprechenden Zustand der Welt der vorherigen Periode war dieses Wissen nicht vorhanden. Wenn man aber nicht mehr objektiv feststellen kann, ob sich ein jetziger Weltzustand schon einmal ereignet hat, so hat es keinen Sinn von einer Wiederholung zu sprechen. Aus der Innenzeit heraus, d.h. in der Zeit eines Zyklus, ist die identische Wiederholung von Weltzuständen im nächsten Zyklus logisch nicht beweisbar. Um den Kreis der Zeit im Weltenlauf zu erkennen, muss man sich außerhalb des Kreises der ewigen Wiederkehr befinden. Für den Physiker ist es schwer, eine Position außerhalb von Zeit sinnvoll zu definieren. Die Beschreibung eines jenseitigen Standpunktes kann nicht Aufgabe der Naturwissenschaft sein, behaupten die Physiker. Diese in ihren Augen zweifelhafte Kompetenz wird mehrheitlich den Theologen, Philosophen und Literaten zugeschoben.

Der visionäre Standpunkt des Sehers, des Propheten, gilt im Sinne der philosophischen Gedankengänge von Nietzsche als zeitübergreifend. Er kennt die Zukunft, weil er die Vergangenheit gesehen hat. Nietzsche lässt den Propheten zu dem Zwerg, dem Geist der Schwere, sprechen:

"Und diese langsame Spinne, die im Mondschein kriecht, und dieser Mondschein selber, und ich und du im Torwege, zusammen flüsternd, von ewigen Dingen flüsternd, - müssen wir nicht schon da gewesen sein? - und wiederkommen ... müssen wir nicht ewig wiederkommen?"

(Friedrich Nietzsche, Also sprach Zarathustra, Vom Gesicht und Räthsel)

KAPITEL 5

DIE KONSTRUKTION DER HISTORISCHEN ZEIT

Der Übergang zu einem völlig neuen Verständnis der Zeit ist eng verbunden mit der Entstehung der frühen Hochkulturen. Mit dem Eintritt in die aufgezeichnete Geschichte verliert sich der Zusammenhang des menschlichen Bewusstseins mit der rhythmischen Natur immer mehr. Rituelle Kalenderordnungen und professionelle Arbeitsteilung gehen Hand in Hand mit dem zivilisatorischen Aufstieg der Menschheit. Die Festlegung und Konstruktion eines Kalenders ist die Grundlage für jede Art von Zivilisation. Der Kalender war eines der ersten künstlichen Werkzeuge, die soziale Verhaltensweisen regulierten. Durch die Akzeptanz einer regulierten Zeitordnung ist das menschliche Bewusstsein irgendwie aus seinem direkten Kontakt mit den Harmonien der Natur herausgefallen. Längerfristige Planung und Kontrolle zeigten sich im Kampf gegen die Natur von Vorteil. Frühformen der Technologie begannen sich zu entwickeln. Die entstehenden frühkulturellen Gesellschaften planten plötzlich ihre Zukunft. Sie begannen Korn und Getreide für Notzeiten zu speichern. Sie verbesserten ihre Wohnverhältnisse und entwickelten Methoden zur Durchführung großer Bauvorhaben. Häuser, Paläste, Bewässerungskanäle und Mauern entstanden.

Durch Arbeitsteilung machten sie sich die Zeit untertan. Die Arbeit des Menschen hatte ihre eigene Einteilung, losgelöst von den zeitlichen Rhythmen des Körpers und der Jahreszeiten. Die Organisation der Arbeit, die Verteilung von Waren und die Produktion funktionierten allgemein besser, wenn feste Zeitraster erstellt wurden. Dadurch errangen die frühen Hochkulturen sehr schnell Kontrolle über viele Prozesse in der Natur und im Leben der Menschen.

In den entstehenden Hochkulturen des Mittelmeerraumes entwickelten sich vor etwa 6000 Jahren die Grundlagen für unsere heutige Auffassung von Zeit. Durch die Anwendung des ritualisierten Kalenders der Priesterastronomen wurden die Menschen aus der Geborgenheit der lebendigen Gegenwart der organismischen Natur weggerufen. Es war nun besser etwas zu werden, als nur zu sein. Das individuelle Leben wurde zukunftsorientiert gestaltet. Ziel eines jeden war es, Macht,

Reichtum, Besitz, Wissen und Kontrolle zu erlangen. Für viele wichtige Aufgaben gab es heute keine Zeit. Man hatte zu wenig davon. So mussten wichtige Ereignisse storniert werden. Morgen und Übermorgen konnten mit einem Zeitplan erledigt werden. Mit den Kalendern und den präzisen Uhrwerken schuf sich der Mensch eine neue Realität, die verglichen mit den früheren Zeiten die Lebensqualität nachhaltig verminderte. Denn die Verbesserungen bei der Zeitmessung lieferten den Autoritäten auch mehr Gelegenheiten zur Kontrolle und Unterdrückung. Das Maß der Zeit kann als dominierender Faktor unserer sozialen Existenz angesehen werden. Die Einschränkungen, die uns das Maß der Zeit vorgibt, sind oft mit innerer Lehre und geistloser Technisierung gekoppelt. Dem spontanen und kreativen Handeln entgegen arbeitend führt dies letztlich zu immer größer werdender Entfremdung.

Die Ereignisse und das Leben der Menschen vollziehen sich nicht mehr in den komplexen Zyklen und Bewegungen einer harmonischen Natur. Das Leben des einzelnen Menschen ist heute an fixe Zeitpunkte und dort abgelegte Aufgaben gebunden. Der Mensch lebt in der Zeit, statt mit der Zeit. Ist diese historische Entwicklung der Sündenfall, von dem die Bibel berichtet? Der enge Kontakt mit der kreisförmigen Zeit einer ewigen, lebendigen Natur ist in der modernen Welt verloren gegangen. Der Mensch erwachte mit den Uhren und rituellen Kalendern aus dem Halbdunkel einer mythischen Zeit in die linear fortschreitende Zeit der Geschichte. Die sich entwickelnden Kalenderordnungen bildeten die Prozesse in der Welt auf eine mathematisch möglichst einfache Struktur ab. Es ist dies die Struktur der geraden Linie. Die Zeit wurde aufwärts gezählt. Die Menschheitsgeschichte folgte der geraden Linie einer atemberaubenden Aufwärtsentwicklung. Die historische Zeitlinie verläuft direkt vom Faustkeil bis zur Raumstation, von der Sonnenuhr bis zur Atomuhr.

Die Auffassung der linearen Zeit ist natürlich auch geeignet den Verlauf historischer Prozesse zweckmäßig zu beschreiben. Man kann zum Beispiel die historischen Ereignisse eines Volkes in ihrem zeitlichen Verlauf den Punkten und Abschnitten einer Geraden zuordnen. Wir besitzen eine allgemein anerkannte lineare Zeitskala. Da sich der Anfang der Zeitachse in unergründlichen Weiten verliert, hat man den Ursprung der Zeitskala in historisch nicht zu weit entfernten Zeiten willkürlich festgelegt. Für die aus dem Christentum entstandenen Kulturnationen liegt der Nullpunkt der Skala im Zeitpunkt der Geburt Christi. Die Zeit vor Christi Geburt wird aus mathematischen Gründen mit negativen Zahlen markiert. Im jüdischen Kulturkreis liegt z.B. der Ursprung 0 der historischen Zeitrechnung im Jahr - 3761 des christlichen Kalenders. Der mohammedanische Kalender beginnt im Jahr 622 des christlichen Kalenders.

Die Ereignisse der gesamten Erdgeschichte haben natürlich auf den verwendeten linearen Skalen ebenfalls noch Platz. Ja selbst die zeitliche Erstreckung des gesamten Universums in seiner äußersten Ausdehnung ist im Prinzip auf eine eindimensionale Linie abbildbar. Die mathematische Gerade ist ohne Anfang und Ende. Die Analogie der Zeitgeraden zur Geschichte der ganzen Welt ist nicht ganz korrekt, behaupten doch alle großen Weltreligionen einen Uranfang des Universums und der Zeit, die Weltschöpfung. Uraltes Wissen, überliefert in großartigen Mythologien, und die Grundaussagen aller wichtigen Religionen unserer Erde schneiden die Zeitachse in einem bestimmten Punkt der Vergangenheit endgültig ab. Diese Grenze ist für den menschlichen Verstand nicht überschreitbar. Folgt man den religiösen Aussagen, so gibt es einen absoluten Nullpunkt der Zeitachse, es ist der Punkt des göttlichen Schöpfungsaktes.

In mehreren Fällen alter Kulturkreise ist die Anschauung einer verbogenen Zeit, insbesondere die zyklische, zum Kreis gewordenen Zeitlinie, überliefert. Doch das Bild der geradlinigen Erstreckung, der Zeitgeraden, hat in der Entwicklung des menschlichen Denkens bis in unsere Gegenwart immer mehr an Bedeutung gewonnen. Es ist heute zu einer tief verwurzelten Form der Anschauung von Zeit geworden. Aus der Geometrie ist bekannt, dass bei einer geraden Linie vier verschiedene Möglichkeiten bezüglich ihrer linearen Ausdehnung existieren:

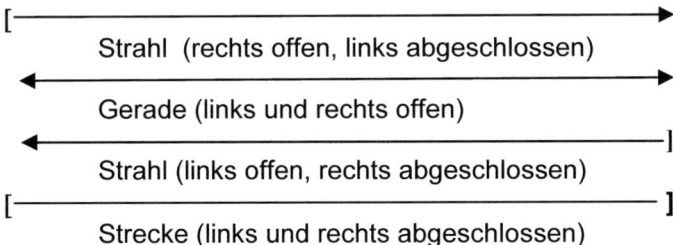

Strahl (rechts offen, links abgeschlossen)

Gerade (links und rechts offen)

Strahl (links offen, rechts abgeschlossen)

Strecke (links und rechts abgeschlossen)

In der wechselvollen Geschichte der menschlichen Kulturentwicklung gibt es eine Vielzahl von Theorien, die die Vorstellung von der Zeit als gerade Linie mit einem der vier Fälle in Verbindung bringen.

1.	So führte die Entwicklung der klassischen Naturwissenschaften vom 17. - 19. Jahrhundert zu dem Zeitbegriff, der dem Bild einer unendlich ausgedehnten Geraden ohne Anfang und Ende entspricht. Das Universum war in Raum und Zeit unendlich ausgedehnt. Die Einheit der Welt bestand nur in der allgemeinen Gültigkeit der Naturgesetze. Alles schien berechenbar, wenn man nur die Ausgangsvoraussetzungen eines materiellen Systems genau genug kannte. Das Universum funktionierte im Prinzip wie ein Uhrwerk, seit Ewigkeiten in Bewegung nach eisernen, wohlbestimmten Regeln und Gesetzen. Nirgendwo konnte eine Grenze im Raum entdeckt werden, die Astronomen dieser Zeit erweiterten mit ihren Beobachtungen den Kosmos zur unermesslichen Unendlichkeit. Ein geistiges, nicht-materielles Schöpfungsprinzip oder ein hinter der Welt stehender sinnvoller Plan kam in diesem Weltbild nicht vor. Nirgendwo konnte die Idee eines definitiven Anfanges oder gar eines zwangsläufigen Endes der Welt begründet werden. Entsprechend erklärte einer der führenden Vertreter des klassischen Weltbildes, der Physiker Laplace: Er habe die Hypothese "Gott" nicht nötig, der Weltlauf sei mit Hilfe der Naturgesetze vollständig berechenbar und von einem umfassenden Verstand im Prinzip zu durchschauen. Auch die Organisation der belebten Materie ist durch die Grundgesetze gegeben und erklärbar.

2.	Fast alle Naturreligionen behaupten in merkwürdiger Übereinstimmung den Uranfang der Welt und der Zeit. Es gibt einen absoluten Nullpunkt der Welt, es ist der Punkt des Schöpfungsaktes. In den mythologischen Erzählungen ist vom Weltenei des Uranfangs die Rede, aus dem die Götter geboren werden. In anderen Versionen ist das ursprüngliche Chaos mit sich selbst unzufrieden und erzeugt in einem Akt der Selbstbefruchtung die ersten Schöpfergottheiten. Die Götter beginnen sofort mit der Gestaltung der Welt und der Erschaffung des Menschen. Die Dauer des Universums ist aber nicht endgültig gesichert. In fast allen Mythologien existiert die Vorstellung einer unvermeidbaren Zerstörung der geschaffenen Welten und dem Ende eines Weltalters. Dabei werden Erschaffung und Zerstörung der Welt als Ganzes im Bild der ewigen Wiederkehr gesehen. Am Ende einer

Zeit überleben einige Götter den Weltenbrand und das entstehende Chaos. Bei den alten Germanen ist es die Götterdämmerung, die das Ende der Zeit und das Ende der Götter heraufbeschwört. Doch es existiert eine uralte Verheißung, dass der Lichtgott Baldur, der im Götterkampf als Erster fällt, wieder auferstehen wird. Damit ist der Beginn eines neuen Universums gesichert. Das Rad der Schöpfung durchläuft so immer neue Variationen von Welten, gemäß der unendlich großen Schöpferkraft des obersten Wesens. Die vielen überlieferten Schöpfungsmythen kennen so alle den unbedingten Uranfang. Er ist einmalig gegeben, die Zukunft der Welten aber ist ewig. Bemerkenswert ist, dass die modernen Naturwissenschaften des 20.Jahrhunderts in der Theorie vom Big Bang zu sehr ähnlichen Aussagen gekommen sind. Sie schneiden die lineare Zeitgerade im Urknall ab. Dabei erklären sich für nicht mehr zuständig, wenn gefragt wird, was vorher war oder was diesen Knall aus dem Nichts erzeugt hat.

3.   Dieser Fall ist in der gesamten Geschichte der Menschheit weder in der Philosophie, noch in den modernen Wissenschaften ernsthaft diskutiert worden. Die Idee eines Endes ohne einen Anfang erscheint auf den ersten Blick absurd und erschreckend. Die ganze Fülle eines seit unendlichen Zeiten sich entwickelnden Universums soll in einem Nichts verschwinden? Auch wenn wir emotionale Hemmungen haben, diese Vorstellung zu akzeptieren, sie erscheint logisch nicht seltsamer als eine Welt mit Anfang und ohne Ende.

4.   Die Auffassung, dass die historische Zeit einer Strecke äquivalent sei, ist besonders in den durch die Bibel geprägten Kulturkreisen wirksam geworden. Der Schöpfungsmythos des alten Testamentes kennt einen Uranfang, über den hinaus nichts ist, auch nicht Zeit. Die Genesis beschreibt, wie Gott durch einen einmaligen und freiwilligen Akt die Schöpfung beginnt und das gesamte Universum ins Leben ruft. Dieses Werk dauert sechs Tage. Am sechsten Tag erscheint der Mensch und bekommt von Gott den Auftrag, sich die Erde untertan zu machen. Der siebte Tag ist der Ruhetag Gottes, der sich an seinem Werk erfreut. Ob es noch weitere Tage gibt, die sich der Schöpfung anschließen, bleibt im Schöpfungsbericht offen. Der siebte Tag hat möglicherweise ein anderes Maß der Zeit als die vier vorhergegangenen sechs Tage. Es ist der Tag der Ewigkeit und der Herrlichkeit zum Ruhme Gottes. Der Glaube an diesen Mythos

des Schöpfungsaktes ist durchaus verträglich mit dem Denken und Arbeiten eines modernen Naturforschers. Der Physiker Edward Milne soll gesagt haben:

"Was den Ursprung des Universums betrifft, kann jeder selber einsetzen, was er für richtig hält - aber unser Bild ist unvollständig ohne I H N ".

Die alten Israeliten vertraten die Ansicht, dass die Geschichte dieser Welt von einem Anfang linear auf ein wohldefiniertes Ende hin fortschreitet. Das Ende dieser Welt ist mit der Ankunft des Messias verbunden. Die Bibel beginnt mit der Schöpfungs- geschichte und endet mit der Vision einer qualitativ völlig anderen Schöpfung, dem neuen Jerusalem. In der Offenbarung des Neuen Testamentes heißt es:

"Und ich sah einen neuen Himmel und eine neue Erde, der erste Himmel und die erste Erde waren nicht mehr ".

Die Grundaussage dieses visionären Bildes ist nicht etwa die dauernde Wiederkehr des Kosmos im ewigen Kreislauf von Erschaffung, Zerstörung und Neuschöpfung. Die in der Offenbarung erwartete grundsätzliche Neuordnung der Himmel und Erden ist endgültig und ewig. Ihr folgt keine weitere Auflösung, sondern es ist ein finaler Zustand, der alle gewesenen Dinge und Welten aufhebt in die Seinsweise eines göttlichen und ewigen Daseins. Hinter dem jetzigen Zustand der Welt in Raum und Zeit steht der Zustand der ewigen Vollkommenheit. Im Bilde der biblischen Schöpfungsgeschichte sind die sechs Tage der Erschaffung voll von Arbeit und Aktivität. Danach am 7.Tage ruht diese Aktivität, es ist dies der Tag der Ewigkeit, Abschluss und Krönung aller Mühsal und Arbeit.

Für die jüdisch-christlichen Glaubenslehren ist das Endziel der Geschichte die Ankunft des Messias oder die Wiederkunft Christi. Der Messias soll die endgültige Erlösung des Volkes Israel und der Welt bewirken. Die Kinder Israels leben in der historischen Zeit im Exil. Der göttliche Auftrag des auserwählten Volkes ist fest umrissen. Israel harrt in der gefallenen Welt aus und bereitet, indem es an seinem überlieferten Glauben festhält, die Ankunft des Messias vor. Für die christliche Glaubenslehre ist mit der Leidensgeschichte des Jesus von Nazareth die Erlösung der Welt eingeleitet. Der Christus wird an einem Tag, den kein Mensch kennt, wiederkommen, um das Himmelreich Gottes auf Erden endgültig zu errichten. Die Erlösung aus der Verbannung der Menschen in die historische oder irdische Zeit ist eng mit dem Endgericht verbunden, dem Jüngsten Tag.

In der Offenbarung wird von der Endzeit gesprochen, in der jenseitige, himmlische Mächte um die Erlösung der Welt ringen. Für diejenigen, die dann erlöst durch das Gericht in das neue, himmlische Jerusalem einziehen, ist die irdische, vergängliche und leidvolle Welt überwunden. Damit hat sowohl die historische als auch die lineare Zeit ihr Ende gefunden. Zwischen Schöpfung und Endgericht ist der Bogen der Evolution der endlichen Welt der harten Materie gespannt. Anfang und Ende, Alpha und Omega sind die Begrenzungen, über die hinaus keine historische Zeit dauern kann. Die Geschichte dieser irdischen Welt ist vergleichbar mit dem linearen Durchlauf eines endlichen Zeitintervalls mit wohldefiniertem Anfang und Ende.

Kapitel 6

DIE EINDIMENSIONALE ZEIT

Es gibt Grund zu der Annahme, dass die Menschen der früheren Epochen Zeit und Raum grundsätzlich anders wahrgenommen haben als die Menschen unseres modernen Zeitalters. Historisch lässt sich klar beweisen, dass die perspektivische Wahrnehmung in der Kunst erst seit der Renaissance bekannt ist. In den Bildern des Altertums und des frühen Mittelalters ist die Welt flächenhaft angeordnet. Die alten überlieferten bildlichen Darstellungen scheinen für uns naiv und geben eine nur schwache Repräsentation der dritten Dimension der Geometrie des Raumes. Dies war offensichtlich kein Problem des biologischen Sehapparates, sondern es betraf die mentale Perspektive des Sehens. Mit dem Übergang in die Neuzeit entdeckten die Künstler die Gesetze der Perspektive, der Raum bekam für die Menschen Tiefenwirkung.

Die Bedeutung des Denkapparates in der sinnlichen Erfassung des Raumes zeigt sich besonders bei der Entwicklung der geometrischen Wissenschaften. Aus der Geschichte ist bekannt, dass die Griechen der Antike die ersten Grundlagen einer formalen Methode zur Darstellung räumlicher und ebener Verhältnisse zwischen Objekten der Anschauung entwickelten. Die Geometrie wurde erstmals vor zweitausend Jahren als rein mathematische Denkmethode erkannt und weiter ausgebaut. Geometrie bedeutet im ursprünglichen Wortsinn, die Vermessung der Erde. Die praktischen Methoden der Baumeister und Landvermesser bekamen so einen theoretischen Überbau, der die Regeln und Einsichten in geometrische Sachverhalte logisch-deduktiv zusammenfasste. Dem Mathematiker Euklid wird der Verdienst zugeschrieben, die entstehende Geometrie mit einem umfassenden und formalen Rahmen versehen zu haben. Die Inhalte der Euklidischen Abhandlungen über die Geometrie basieren auf der Vorstellung von einer Welt mit drei Dimensionen. Die Griechen nahmen an, dass jedes Objekt im Raum drei wohldefinierte Basiseigenschaften besitzt, das sind die Größen Länge, Breite und Höhe. Mathematisch wurden diese Größen als voneinander unabhängige Dimensionen aufgefasst. Eine weitere vierte Dimension wurde als für die konkrete Anschauung unbegreiflich verworfen. Den Griechen war sehr wohl einsichtig, dass drei Achsen, paarweise senkrecht zueinander, die drei Größen Länge, Breite und Höhe repräsentieren. Es ist unmöglich, im Raum eine vierte Achse zu finden, die jeweils paarweise senkrecht zu den drei anderen Achsen steht.

Für zweitausend Jahre blieb das mathematische Wissen der Geometrie auf diesem Stand und war integraler Bestandteil des vorherrschenden Weltbildes. Der dreidimensionale, dicht aus Punkten zusammengesetzte und unendliche Raum wurde als ein Behälter betrachtet, der die Welt umfasst. Die Vorkämpfer unseres modernen Weltbildes haben die geometrische Theorie verwendet, um die Zeit weiter in den Griff zu bekommen. Über die im Bewusstsein flüchtige Wirklichkeit von Raum und Zeit warfen sie ein mathematisch-geometrisches Konzept. Mit Hilfe mathematischer Konstruktionen wurde auch die Zeit verräumlicht. Die Methode ist ganz einfach: man leihe sich vom Raum eine Dimension und nenne sie Zeit.

Die eindimensionale Zeit verdrängte das an die Rhythmen der Natur angepasste Leben der Menschen der antiken Welt und des Mittelalters. Die Verräumlichung der Zeit ist eine uns heute sehr vertraute Methode. In unserer alltäglichen Welt vermischen wir ständig unsere Vorstellungen von Raum und Zeit. Wenn wir von Orten als nah oder fern sprechen, so meinen wir damit Orte, die zu erreichen eine kürzere oder längere Zeit nötig ist. D.h. wir errechnen eine räumliche Entfernung mit zeitlichen Angaben. Fragt man z.B. in einer Großstadt nach dem Hauptbahnhof, so erhält man oft die präzise Angabe: "Zum Hauptbahnhof sind es noch 12 Minuten". Hier wird der zeitliche Verlauf eines Prozesses im Raum benutzt, um ein Längenmaß zu definieren. Ein Nomadenstamm in Sibirien benutzt als Einheit des Weges die Strecke, die ein Mann hin- und herlaufen kann, während ein Kessel Wasser zum Kochen gebracht wird. Auch in der Astronomie vermischen sich die Bezeichnungen für Raum- und Zeitmaße. Eine wichtige astronomische Längeneinheit ist das Lichtjahr. Es ist die Strecke, die das Licht in einem Jahr zurücklegt. Zeit und Raum sind wie Spiegel, die sich gegenüber stehen. Im Prinzip nehmen fast alle unsere Zeitmesser als Maß für die vergangene Zeit eine beobachtbare Längenänderung. Ob Wasser-, Sand- Pendel - oder Räderuhren, sie alle beruhen auf Abläufen, bei denen sich Längen ändern. Wir messen, um wie viel der Wasserstand gesunken ist, wie weit sich Radzähne und Zeiger bewegt haben, wie hoch ein Sandhaufen in einem Glas angewachsen ist. Und wir erkennen, dass wir die Zeit selbst überhaupt nicht messen, sondern eine Länge, d.h. eine räumliche Dimension. Wir benutzen unsere Uhren, um Länge in Zeit zu verwandeln. Wir können uns offensichtlich dem Rätsel der Zeit nur nähern, indem wir die Anschauung des Raumes zu Hilfe nehmen. Genau da wurde der entscheidende Hebel gesetzt, um den überragenden Erfolg der Naturwissenschaften in der Neuzeit zu begründen.

Die Auffassung der Zeit als eine den räumlichen Dimensionen verwandte Dimension geht zurück bis ins Mittelalter. Der Mathematiker und Philosoph Nikolaus von Oresme war einer der ersten, die versucht haben, die Zeit durch eine gerade Linie zu veranschaulichen. Schon vor Kant hatte er behauptet, dass die Zeit nur ein Werkzeug des messenden Verstandes sei. Bei seinen Überlegungen zur Theorie der Bewegung kam ihm die Idee, die räumliche und zeitliche Erstreckung einer gleichförmigen Bewegung durch ein Diagramm darzustellen. Soll die Bewegung eines Körpers, z.B. die Fahrt eines Wagens vom Ort A zum Ort B graphisch repräsentiert werden, so ist nach Oresme so zu verfahren: Man markiere die Minuten der zeitlichen Dauer der gesamten Bewegung an dem unteren Rand eines Papierbogens in gleichen Abständen. Die zurückgelegten Kilometer werden an der linken Seite des Papierbogens markiert. In dem so erzeugten Weg-Zeit-Koordinatensystem kann die Fahrt des Wagens von A nach B durch eine gerade Linie beschrieben werden. Die Weg-Zeit-Gerade repräsentiert die gesamte Bewegung in einem einfachen und vollständigen Sinne. Ist eine bestimmte Entfernung vorgegeben, so kann man sofort die zugehörige Zeit angeben. Ist umgekehrt eine Zeit vorgegeben, so kann man aus dem Diagramm die entsprechende Entfernung ablesen. Es sei zum Beispiel die Zeitangabe t=2 Minuten vorgegeben. Man suche den Punkt auf Zeitgeraden, der die t-Koordinate 2 hat. Dann ziehe man eine Parallele zur Wegachse durch diesen Punkt. Diese Gerade schneidet die Raumzeitlinie in einem Punkt P. Zieht man nun durch diesen Punkt P eine Parallele zur Zeitachse, so trifft diese Gerade die Wegachse an der Stelle, die dem Wert 3 km entspricht. Nach 2 Minuten hat der Wagen auf seiner Fahrt von A nach B genau 3 km zurückgelegt.

Die sogenannte Parametrisierung der Zeitdimension und ihre Entsprechung als reelle Zahl „t" spielte eine zentrale Rolle beim Aufbau aller modernen physikalischen Theorien. Die dynamischen Größen eines materiellen Systems ließen sich mit

Hilfe des Funktionsbegriffes als abhängige Veränderliche der Basisgröße Zeit darstellen. Mit Hilfe des zeitlichen Parameters „t" konnte so die Entwicklung eines materiellen Systems von Massenpunkten in Raum und Zeit verfolgt werden. Die klassische Mechanik des 18. und 19.Jahrhunderts glaubte aus gegebenen Anfangsbedingungen im Prinzip alle zukünftige Zustände des Systems exakt voraus berechnen zu können. An der Errichtung eines mechanistischen Weltbildes, in dem grundsätzlich alles berechenbar schien, waren die Physiker Newton, Lagrange und Laplace maßgeblich beteiligt. Das ganze Universum ließ sich in der Anschauung des mechanistischen Zeitalters wie ein ungeheures Uhrwerk betrachten. Gott hatte in diesem Weltbild nur noch als ein befähigter Mechaniker Platz, der das Räderwerk ab und zu anstoßen und aufziehen darf. Er ist es, der das Uhrwerk-Universum in Gang setzt. Danach bleibt es sich selbst überlassen und strebt so unaufhörlich seinem vorherbestimmten Ende entgegen. Das Gerüst der ehernen Naturgesetze schreibt dem Universum genau vor, wie es sich zu entwickeln hat.

Würde man alle Kräfte zwischen den Massepunkten und deren Positionen kennen, so könnte man mit einem System von Differentialgleichungen den ganzen Prozess der Welt im dreidimensionalen Raum und in der eindimensionalen Zeit berechnen. Der Physiker Laplace fasste diese Ansicht einer perfekten Welt mit den folgenden Worten zusammen:

"*Wir könnten demnach den gegenwärtigen Zustand des Universums als die Wirkung seines vorhergegangenen Zustandes und als Ursache des Zustandes ansehen. Eine Intelligenz, welche bekannt wäre mit allen Kräften, durch die die Natur bewegt wird, und mit den verschiedenen Stellungen aller ihrer Teile in irgend einem Moment - vorausgesetzt, sie wäre umfassend genug, um diese Daten einer Analyse zu unterwerfen - würde in ein und derselben Formel die Bewegungen der größten Körper wie des leichtesten Atoms zusammenfassen. Nichts würde für sie ungewiss sein; die Zukunft wie die Vergangenheit wäre gegenwärtig vor ihren Augen.* „

(O. Höfling: *Physik*. 15. Auflage. Ferdinand Dümmlers Verlag, Bonn 1994,)

Natürlich war Laplace klar, dass die menschliche Natur das allumfassende Wissen auf diese Weise niemals würde erreichen können. Dieses ferne Ideal einer durch unabänderliche

Naturgesetze perfekt beherrschbaren Welt wurde zum Leitbild der exakten Naturwissenschaften. In den Differentialgleichungen der Physiker kommt zwar eine Zeitvariable „t" vor, doch braucht man sich über die Zuordnung von Vergangenheit, Gegenwart und Zukunft keine großen Gedanken zu machen. Die Lösung der Gleichung ist, war und wird sein. Ob sein Geist frei ist oder nicht, nach Vorgabe der Startparameter kann er die Lösungen der Gleichung für die Zukunft nicht mit seinem Willen verändern oder beeinflussen. Wenn alle Prozesse in der Natur exakt berechenbar sind, gibt es keine offene Zukunft mehr, sie ist aus mathematischen Gründen unveränderlich. Das Uhrwerkuniversum der klassischen Mechanik ist ein Universum wie aus einem Block, fest, berechenbar und unveränderlich.

Mit dem Aufkommen der exakten Naturwissenschaften (die Zeit von Galilei, Descartes, Newton, Leibniz, Bacon) setzte sich bei den Wissenschaftlern und Philosophen der Begriff der universalen, linearen Zeit durch. Die universale Zeit sollte, zusammen mit dem Raum, eine Art Bezugsrahmen bilden, in dem sich alle Dinge ereignen. Die Zeit sollte somit außerhalb aller Beobachtungen für sich existieren, aber in allen Beobachtungen präsent sein. Dieser besondere Zeitbegriff bekam das Etikett "t" und wurde in den Gleichungen der entstehenden Physikwissenschaft ein mächtiges Symbol. Mit dieser Version einer linearen, abstrakten und vom menschlichen Bewusstsein unabhängigen Zeit waren viele Philosophen zunächst zufrieden. Wir glauben heute noch, dass diese Art von Zeit real ist, nur weil wir sie mit Atomuhren so genau messen können. Dass das Konzept einer mathematischen Zeit außerhalb der Prozesse, die sie messen soll, der Fülle der erlebten Wirklichkeit nicht angemessen wiedergibt, kommt uns nicht in den Sinn. Durch die andauernden und überragenden Erfolge der exakten Naturwissenschaften sind methodische Zweifel am linearen Zeitbegriff leider immer wieder verdrängt worden. Die Erfolge der Technik als Anwendung der neuen Naturerkenntnisse waren weltverändernd. Die Realität der linearen, universalen Zeit wurde mit den durch die Technik geänderten Lebensbedingungen tief im Alltagsbewusstsein verankert. Das Rätsel der Zeit war nicht gelöst, es wurde nur sehr erfolgreich verdeckt.

Die Geometrisierung der Zeit leitete so eine äußerst erfolgreiche Epoche der wachsenden Naturbeherrschung durch den Menschen ein. Es schien nur noch eine Frage der Zeit und die Natur würde dem klaren, berechnenden Verstand des Menschen ihre Geheimnisse enthüllen müssen. Einer der bedeutendsten Vordenker dieser klassischen, deterministischen Weltauffassung war Rene Descartes. Er glaubte, dass ein Mensch, wenn er nur hinreichend klare Vorstellungen besitze, die Natur restlos verstehen könne. In einer Anekdote wird berichtet, wie er der Königin Christine von Schweden erklärte, dass Tiere nichts weiter seien als gut funktionierende Maschinen. Durch die Triebe würde die Natur ähnlich wie eine Räderuhr handeln, noch genauer und viel präziser als es der Mensch mit seinem normalen Verstand. Die Königin zweifelte und nach einigem zögern ergriff sie ihre Taschenuhr und sagte:

"Machen Sie doch, dass sie Junge bekommt."

Diese Pointe verweist auf die Möglichkeit, dass die wunderbaren Formen der Natur und ihre Rätsel sich dem technisch und logisch orientierten Menschen niemals vollständig erschließen werden. Der Verdacht, dass durch die Auffassung von der mathematischen, nach geometrischer Form verfließenden Zeit die wesentlichen Merkmale der belebten Natur nur unvollständig beschrieben werden können, war immer gegenwärtig. Die Dichter, Musiker, Maler und Poeten dieses klassischen Zeitalters kämpften an einer Front, auf dessen anderer Seite die Anhänger von Newton, Descartes, Galilei und Laplace standen. In der Aufspaltung des menschlichen Wissens in eine Abteilung der Geisteswissenschaften und die der Naturwissenschaften spiegeln sich die tiefen Probleme der Zeitwahrnehmung.

Mit der Geometrisierung der Zeit wurde versucht, die Fülle der Zeit, wie sie uns subjektiv und emotional gefärbt in den Formen der Erinnerung, der Erwartung und Vergegenwärtigung entgegentritt, auszublenden. Für die sich entwickelnden Naturwissenschaften war es wichtig, dass die Zeit ein eigenes, objektives Sein besitzt. Die Realität der Zeit darf nicht vom einzelnen Bewusstsein abhängen. Ihr Verlauf ist neutral und unabhängig von irgendwelchen Prozessen oder Ereignissen. Die in stetiger Weise fließende, absolute Größe Zeit ist darstellbar durch die geradlinige Zahlenachse. Gleichen Zeitdauern der Wirklichkeit, die durch Zeitpunkte begrenzt werden, entsprechen gleich große Abschnitte auf der Zeitachse. Die so objektivierte Zeit ist nicht nur messbar, sondern auch berechenbar. Sie tritt als Variable in physikalischen Funktionsgleichungen auf. Newton und Leibniz entwickelten auf dieser Annahme die für alle Naturwissenschaften und die Technik so wichtige Differential - und Integralrechnung. So hatten die Menschen nun zwei Zeitbegriffe, deren Zusammenhang bis heute nicht genau geklärt ist. Auf der einen Seite die subjektive Erlebniszeit, auf der anderen die absolute, gleichmäßig verfließende und messbare Zeit der Physiker. Die klassische Physik arbeitete mit dem newtonschen Zeitbegriff zunächst recht erfolgreich. Dabei interessiert den Physiker weniger die Frage nach dem allgemeinen Wesen der Zeit, als vielmehr das Verfahren die Zeit zu messen. Der reelle Parameter „t" soll in seinen Gleichungen funktionieren und dabei Techniken zur Naturbeherrschung ermöglichen. Die Raumzeit hat demnach eine metrische Struktur unabhängig von der Anwesenheit und Dynamik bestimmter Teilchen und physikalischer Felder.

Es ist wichtig hier anzumerken, dass der so erfolgreiche absolute Begriff der Zeit seit seiner allgemeinen Einführung immer wieder wissenschaftlichen Widerspruch erhalten hat. Nach Wilhelm Leibniz, dem Zeitgenossen und Disputanten Newtons, sind Raum und Zeit nur relational, d.h. Materie und ihre Dynamik konstituieren die Raumzeit. Zeit und Raum bekommen erst ihre Ordnung durch die Dinge und ihre gegenseitigen Beziehungen zueinander. Zeit ist nicht absolut. In einem hypothetischen Universum ohne Körper und Massen ist eine Zeit nicht denkbar. Der Disput zwischen den Anhängern des absoluten Raumes und der absoluten Zeit und den sogenannten Relationisten zieht sich quer durch die Wissenschaftsgeschichte. Genau an diesem Problem setze auch Albert Einstein zu Beginn des 20.Jahrhunderts an und hob die Diskussion über die Zeit auf eine neue Stufe. Newton ging in seinem Zeitbegriff davon aus, dass die Gleichzeitigkeit universale Bedeutung besitzt. Die Kritik Einsteins stürzte die Vorstellung von der überall gültigen, gleichzeitigen Gegenwart. Einstein konnte im Anschluss an das berühmte Experiment von Michelson und Morley nachweisen, dass der Begriff der Gleichzeitigkeit nicht absolut anwendbar ist. Trotz völlig neuer Einsichten in den Zusammenhang von Raum, Zeit und Geschwindigkeit blieb auch nach Einstein die Auffassung von der linearen, stetig fortschreitenden Zeit unangetastet.

KAPITEL 7

DAS SCHNECKENGEHÄUSE DER ZEIT

Vielleicht war die Erfindung der linearen Zeit ein noch andauernder Versuch der Menschen, das unbewusste Gefangensein in der zyklischen Zeit zu beenden und auszubrechen. Es ist klar, dass in der Verbindung der linearen mit der zyklischen Zeit das Gefangensein der Lebewesen im ewigen Kreislauf aufgebrochen wird. Die Vergangenheit wiederholt sich nicht. Die Zukunft der linearen Zeit ist offen für Neues und vorher nie Dagewesenes.

Viele Motive in den alten Mythologien weisen darauf hin, dass die uralte Vorstellung von einer Wiederkehr der Dinge auch die Wiederkehr ähnlicher, nicht notwendig identischer Ereignisse zulässt. Danach durchläuft das Rad der Schöpfung immer neue Variationen von Welten, gemäß der unendlich großen Schöpferkraft der zentralen Gottheit. Im Zusammenhang mit dieser Idee ist das Bild einer Zeit angebracht, die in Form einer Spirale verläuft. Dinge können zwar wiederkehren, aber auf einer neuen, möglicherweise höheren Stufe. Dadurch scheint auch die Einmaligkeit der göttlichen Schöpfung bewahrt. Die Rückkehr der Welt in der Zeit bedeutet nicht mehr stereotype Wiederholung des Identischen, sondern auch Möglichkeit für Kreativität und Gestaltung von Neuem. Jeder evolutionäre Zyklus wiederholt sich auf einer neuen und höheren Stufe.

Das Bild der Zeitspirale vereinigt so Einmaligkeit und Rhythmus. Im Vergleich mit dem eher statischen Verständnis der Zeit in der Form des Kreises, repräsentiert die Spirale den dynamischen Aspekt. Es existieren viele Indizien dafür, dass die Evolution in ihrer zeitlichen Entwicklung spiralförmig verläuft. Die Spirale ist der Natur zutiefst eigen, was durch die Konstruktionspläne vieler Lebewesen gezeigt wird. Die ästhetisch wunderschöne Nautilusschnecke ist ein markantes Beispiel für ein tiefliegendes Gestaltungsprinzip der Natur. Die Kurve, die durch die Nautilusschnecke beschrieben wird, hat eine mathematische Verwandtschaft zum Logarithmus. Viele Beobachtungen der Biologen und Geologen stützen die These, dass die Natur die Spirale nicht nur in der räumlichen Gestaltung ihrer Lebewesen verwendet, sondern auch in deren zeitlichen Entwicklung. Die

Wissenschaftler sind immer wieder beeindruckt durch die exponentielle Beschleunigung, mit der die Prozesse in der Natur ablaufen. Sowohl auf der kosmologischen, der organischen als auch auf der sozialen Ebene des irdischen Evolutionsprozesses treten die evolutionären Neuerungen in verkürzten Zeitabständen auf den Plan.

Mit der Evolution lebender Systeme zu höherer Komplexität zeigt sich eine exponentiell wirkende Aktivität in unserem Universum, die dem Bestreben nach Unordnung entgegenwirkt. Aus mathematischen Gründen ist klar, dass sich alle exponentiellen Prozesse der Natur in enger Verwandtschaft mit dem Logarithmus befinden. So lassen sich z.B. exponentielle Prozesse mit einem logarithmischen Maßstab übersichtlich auf einer linearen Skala darstellen. Es scheint daher durchaus sinnvoll, die lineare Zeitskala durch eine logarithmische Zeitskala zu ersetzen, um die zeitliche Form der Dynamik der Naturprozesse übersichtlich abzubilden.

Wie die logarithmische Skala zeigt, erfolgen die evolutionären Neuerungen in immer kürzeren Zeitabständen aufeinander. Die Spirale verkürzt sich gleichmäßig. Ihre Windungen stürzen schließlich auf ein Zentrum. Das lässt den mathematischen Schluss zu, dass sich die Evolution einem Zielpunkt nähert. Mathematisch lässt sich zeigen, dass dieses Zentrum nicht in der unendlich fernen Zukunft liegt, sondern durchaus in einem endlichen Zeitintervall erreicht werden kann. Genauer gesagt, die Evolutionsspirale kommt dem ihrem Ziel in endlicher Zeit beliebig nahe. Dabei lernen die lebendigen Systeme auf ihrem Weg entlang der Evolutionsspirale immer besser, sich selbst und ihre Beziehungen zur Umwelt optimal zu organisieren. Das wesentliche Merkmal aber, das man dabei dem Evolutionsprozess zuschreiben kann, ist Kreativität, die Erfindung und Neuschöpfung von Lebensformen und harmonischen Ökologien. In das Raum-Zeit-Kontinuum brechen immer wieder neuartige, nie vorher da gewesenen Formen ein. In diesem Sinne lässt sich Zeit definieren als die Dimension, in der sich Erstmaligkeit ereignet.

Die Qualität, die das Auf und Ab des Einbruchs von Erstmaligkeit in die Raumzeit ausdrückt, kann man als das eigentliche Wesen unserer Erfahrung von Zeit ausdrücken. Unter dieser Betrachtungsweise ist die Entwicklung des gesamten

Universums nichts anderes als ein dauernder Versuch Gelegenheiten für mehr Erstmaligkeit zu schaffen. Erstmaligkeit und damit das Entstehen von neuen Dingen wird durch das sinnvolle Verbinden von bisher getrennten Teilen geschaffen. Atome verbinden sich zu Molekülen, Moleküle zu Lebensbausteinen, Zellen vereinigen sich zu Lebewesen usw. Auf jeder Stufe tauchen neue, unvorhersehbare Eigenschaften der jeweils verbundenen Ganzheit auf. In den gegenwärtigen Lebensphänomenen sind alle vergangenen Evolutionsereignisse verbunden. Die Bildung von Wasserstoffatomen nach dem Urknall ermöglicht die Existenz von Sternen, die in ihrem Inneren nach den Gesetzen der nuklearen Chemie neue Elemente erbrüten. Durch Explosionen alter Sterne werden die neuen Elemente in Planeten hineingeformt. In den Planetenatmosphären ereignet sich unter bestimmten Bedingungen die Ausformung der ersten Lebensbausteine. Die entstehenden Aminosäuren und andere organischen Moleküle bilden ein weiteres Experimentierfeld für den Einbruch von mehr Erstmaligkeit.

Das, was in der Zeitdimension als Neues erscheint, ist in der Regel komplexer als das Alte und zeigt damit ein größeres Maß an Verbundenheit. Die Raumzeit scheint in dieser Betrachtungsweise ihre wesentliche Singularität nicht im zeitlichen Uranfang des Big Bang zu besitzen, sondern in dem Zeitpunkt, der ein Maximum an Verbundenheit der Teile des Universums aufweisen wird. Das Universum zielt mit exponentieller Dynamik auf die finale Ultraverbundenheit möglichst vieler Teile der Urmaterie. Dieser zukünftige Zeitpunkt der vollständigen Integration der zersplitterten Teile des explodierten Universums ist das Urereignis, das einen unwiderstehlichen Sog auf die Evolution ausübt. Die spiralförmige Verdichtung der Evolution bewirkt, dass sich in den Zeiten, die dem Zentrum der Spirale nahe liegen, Erstmaligkeit und evolutionäre Neuerungen extrem beschleunigt ereignen. In den letzten Jahren der Evolutionsspirale müssen sich unvorstellbare Umwälzungen ereignen. Die unglaublich dynamische Entwicklung der Menschheit in den letzten 70 Jahren scheint diese These zu bestätigen.

Das Moment der evolutionären Beschleunigung wird in unserer Zeit durch ungeheure technische Umwälzungen und die revolutionäre Durchbrüche der Wissenschaften deutlich angezeigt. Was ist das Ziel der extrem beschleunigten Technikspirale, die eine sogenannte Aufwärtsentwicklung der Menschheit begleitet?

Die menschliche Geschichte des forschenden Geistes kennt viele Vorstellungen, die sich mit dem universalen Ziel und Sinn des irdischen Lebens befassen. Dabei lassen sich interessante Verwandtschaften entdecken. Die Philosophen entdeckten die seltsam unangreifbare Finalität, die den Kosmos wie in einem Sog zu seinem vorbestimmten Ende lenkt. Die Gnostiker wollten den unvollkommenen Menschen durch das Herabkommen der göttlichen Weisheit aus den Fesseln der dunklen Materie befreit sehen. Das Endziel ist das Zusammenkitten der zerbrochenen Gefäße der Schöpfung und die Wiederaufrichtung einer verlorenen Einheit der göttlichen Funken.

Die großen Religionen versprechen übereinstimmend die Erlösung des gefallenen Menschen in einer nicht allzu fernen Zukunft. Die irdische Welt soll sich mit göttlicher Hilfe in eine höhere Sphäre des ewigen Seins transformieren. Einige moderne Physiker haben sogar einen allwissenden Omegapunkt der Raumzeit postuliert, auf den die zeitliche Schöpfung hinausläuft. Alle diese tiefliegenden Ideen über unsere historische Zukunft vertragen sich mit einem endlichen Zielpunkt der irdischen und evolutionären Zeitspirale. Nicht nur die Naturwissenschaften untersuchen eine Entwicklung, die zu immer höheren Graden der Perfektion und Komplexität fortschreitet. In den alten Kulturen und den Religionssystemen wurde genau dies immer angenommen. Der Mystiker Rumi formuliert die Perspektive der Höherentwicklung aller Wesen in eindrucksvollen Zeilen:

„Ich starb als Mineral und wurde Pflanze; als Pflanze starb ich und wurde Tier. Ich starb als Tier und wurde Mensch. Warum also fürchten, im Tod zu Nichts zu werden? Bei meinem nächsten Tod werde ich Schwingen hervorbringen und Federn wie Engel; was ihr nicht erdenken, ich werde es sein."

Vorstellungen über die spirituelle Aufwärtsbewegung des Lebens sind im menschlichen Bewusstsein tief verankert. Sie als inhaltsleere Spekulationen, Phantasien oder Wunschträume abzutun, kann sich die Wissenschaft von heute nicht mehr leisten. Insbesondere dann nicht, wenn ihre ultramodernen Resultate die religiösen Grundthesen auf merkwürdige Art bestätigen:

THESE: *Unsere planetare Evolutionsspirale konvergiert gegen einen Grenzwert, der wahrscheinlich in unserer nahen Zukunft liegt. Das Streben der Evolution auf diesen Grenzwert hin wird für uns heute unvorstellbarer Neuerungen und eine extrem beschleunigte Zunahme an Komplexität zeigen. Existierende Begrenzungen werden in immer kürzeren Zeitabständen aufgelöst und transzendiert.*

Kapitel 8

RAUMZEIT, HYPERRÄUME UND SCHICKSAL

Im 16.Jahrhundert entwickelte der Philosoph und Mathematiker Rene Descartes analytische Verfahren für eine Beschreibung von geometrischen Beziehungen durch Zahlenverhältnisse. Mit der kartesischen Interpretation der Dimension als Linie, die mit der Menge der reellen Zahlen korrespondiert, wurden Punkte im Raum durch drei reelle Zahlen, die Koordinaten, beschrieben. Damit war der Weg frei für die logisch einwandfreie Definition von vier, fünf oder mehr Dimensionen. Ein Punkt im fünfdimensionalen Raum wurde eindeutig durch fünf Zahlen festgelegt. Diesen fünf Zahlen entsprachen fünf voneinander unabhängige Koordinaten auf fünf paarweise senkrecht zueinander stehenden Koordinatenachsen oder Dimensionen. Die Anschauung war damit überfordert, aber für die logisch einwandfreie und analytische Darstellung der neuen höherdimensionalen Geometrie war dies auch nicht notwendig. Die elementaren Objekte des 3-D-Raumes, wie etwa das Tetraeder, der Quader, der Zylinder oder die Kugel ließen sich analytisch ohne Probleme auf höherdimensionale Geometrien verallgemeinern. Das Verständnis von Logik und der analytischen Verfahren wurde von den Mathematikern höher eingestuft als die gewohnte Wahrnehmung oder die euklidische Denkweise.

Durch den Mathematiker Bernhard Riemann wurde die n-dimensionale Geometrie im 19.Jahrhundert auf eine noch höhere Stufe der Abstraktion gehoben. Nach Riemann müssen sich die Dimensionen nicht notwendig auf den Sinnesraum beziehen, eine Dimension kann sich logisch auf irgendeine abstrakte Größe beziehen. Die Mathematiker wählten die Bezeichnung n-dimensionale Mannigfaltigkeiten, um die endgültige Loslösung von den drei euklidischen Anschauungsdimensionen zu vollziehen. Eine n-dimensionale Mannigfaltigkeit kann sich zum Beispiel auf Wirtschaftsgrößen, verschiedene physikalische Größen oder überhaupt jede Zusammenfassung von Parametern beziehen, die sich durch reelle Zahlen beschreiben lassen.

Als die Mathematiker die Denkmöglichkeit von vier und mehr Dimensionen bestätigten, entstand sogleich die Frage, ob die Welt als Ganzes höherdimensional strukturiert ist. Unsere indirekte Wahrnehmung von der Welt wird durch neue Messgeräte,

Messergebnisse und Denkkonstrukte ständig erweitert. Möglicherweise lassen sich die Fakten und Daten über unsere Welt widerspruchsfrei nur in einem n-dimensionalen Modell mit n größer als drei abbilden. Seit die logische Existenz n-dimensionaler Räume bewiesen war, wurde auch von Nicht-Mathematikern über die sogenannten Mehrdimensionen spekuliert. Immer wieder fanden sich Phantasten, die den Zusatzdimensionen merkwürdige und unglaubliche Eigenschaften zuschrieben. Einige Spiritisten siedelten in der 4.Dimension Geister und das Jenseits an. Die den fünf Sinnen verborgenen Dimensionen des Raumes sind die Bereiche der geistigen Wesen, der Seelen, Engel und Dämonen, behaupteten die sogenannten spirituelle Erforscher jenseitiger Dimensionen.

Erst mit der einsteinschen Relativitätstheorie wurden den vielen Überlegungen zu einer vierten Raumdimension der Boden entzogen. Die Idee Einsteins basiert auf dem Modell einer Union von drei Raumdimensionen und einer vierten, rein zeitlichen Dimension. In der allgemeinen Bildung des modernen Menschen ist die Zeit als vierte Dimension anerkannt. Durch die spezielle Relativitätstheorie wurde unsere etablierte Auffassung von Gleichzeitigkeit und dem Verlauf von Zeit zunächst gründlich revidiert. Die Arbeiten Einsteins haben eine historisch gewachsene Zeitauffassung als zu oberflächlich entlarvt. Die Natur ist, so die relativistische Kernaussage, raffinierter und ihre Prozesse verlaufen mit einer anschauungsungewohnten, dehnbaren Zeit-perspektive. Zu der Grundauffassung des einsteinschen Ansatzes gab es kaum Alternativen und seine Ideen setzten sich im anerkannten Weltbild der Physiker des 20.Jahrhunderts fest.

Die Aufhebung der absoluten Gleichzeitigkeit, die Dehnung der Zeit beim Wechsel des Bezugssystems und ihre gummiartige Verformbarkeit in den Räumen der Allgemeinen Relativitätstheorie haben die Physiker als faktische Eigenschaften der Natur akzeptiert und mit Experimenten belegen können. Einstein selbst vertrat die Ansicht, dass das Grundmodell seiner Theorie im Prinzip jedem interessierten Laien verständlich gemacht werden kann.

"Ein mystischer Schauer ergreift den Nichtmathematiker, wenn er von vierdimensional hört, ein Gefühl, das dem einem Theatergespenst erzeugten nicht unähnlich ist. Und doch ist keine Aussage banaler als die, dass unsere gewohnte Welt ein

zeiträumliches Kontinuum ist ... . Durch die Relativitätstheorie ist die vierdimensionale Betrachtungsweise der Welt geboten, da ja gemäß dieser Theorie die Zeit ihrer Selbständigkeit beraubt wird".

(Albert Einstein, Über die spezielle und allgemeine Relativitätstheorie, Akademieverlag 1969, Seite 46,)

Alle Phänomen und Prozesse, die in der Zeit und im Raum existieren, werden von den Physikern in einem vierdimensionalen Raumzeitkontinuum zusammengefasst. Jeder wissenschaftliche Versuch die Welt im Ganzen darzustellen beginnt zunächst mit einem mathematischen Modell des vierdimensionalen Raumzeitkontinuums. Die Raumzeit setzt sich aus Ereignisse zusammen, deren jedes durch vier Zahlen beschrieben ist, drei räumliche Koordinaten x, y, z und eine zeitliche Koordinate t. Die Welt ist in diesem Sinne auch ein Kontinuum, denn zu jedem Ereignis mit den Werten x, y, z und t gibt es beliebige benachbarte Ereignisse E(x*,y*,z*,t*), die sich von dem ersten Ereignis beliebig wenig unterscheiden. Aufbauend auf der Idee des vier-dimensionalen Kontinuums, dem Relativitätsprinzip und der universellen Konstanz der Lichtgeschwindigkeit entwickelten Albert Einstein, Herbert Minkowski und viele Andere die physikalischen Grundbegriffe der Relativitätstheorie. Im relativistischen Weltmodell bewegen sich die Partikel der Materie entlang von Weltlinien, die aus Ereignispunkten zusammengesetzt sind.

Durch die psychologische Unfähigkeit, vierdimensionale Verhältnisse direkt anzuschauen, sind wir gezwungen, drei- oder zweidimensionale Modelle zu entwickeln. Als die Eigenschaften nicht-euklidischer Räume untersucht wurden, nahm man aus Gründen der Anschauung Zuflucht zu zweidimensionalen sphärischen Oberflächen. Ein ähnliches Verfahren kann uns helfen, das vierdimensionale Kontinuum in einem vereinfachten Modell zu erfassen. Die Raumkomponente wird durch eine Linie, die x-Achse repräsentiert, während eine zur Ebene senkrechte Achse die Zeitdimension symbolisiert. Für irgendein Ereignis X in der Raumzeit wird der Nullkegel dieses Ereignisses erzeugt durch alle theoretisch erlaubten Lichtsignale, die in X ankommen oder weglaufen.

Als absolute Zukunft von X wird die Menge der vierdimensionalen Punkte innerhalb des Nullkegels der Zukunft bezeichnet. Entsprechend bildet die absolute Vergangenheit von X das Innere des Nullkegels der Vergangenheit. Alle anderen Raumzeitpunkte, die in Bezug auf X außerhalb der beiden Nullkegel liegen, bilden das absolute "Nirgendwo". In Bezug auf irgend ein anderes Ereignis Y existiert ein zeitartiger Zusammenhang, wenn beide Ereignisse X und Y durch eine Linie verbunden werden können, die innerhalb der Nullkegel verläuft. Solche Linien heißen zeitartige Weltlinien. Weltlinien, die auf dem Nullkegel verlaufen, heißen Nulllinien. Ereignisse Y, die in Bezug auf X außerhalb der Nullkegel liegen, heißen raumartig zu X. Sind zwei Ereignisse X und Y raumartig zueinander, so ist es unmöglich, dass sich zwischen ihnen physikalische Wechselwirkungen ereignen können.

Die Bezeichnung Zukunftskegel und Vergangenheitskegel sind darin begründet, dass wir von X aus nur Ereignisse kausal beeinflussen können, die im Zukunftskegel liegen, während uns in X nur Signale erreichen können, die aus dem Vergangenheitskegel kommen. Trotz der von der Relativitätstheorie geforderten Relativität der Zeit bleibt die zeitliche Ordnung bei Wechsel des Bezugssystems unberührt. Obwohl einem Ereignis in gegenseitig sich bewegenden Bezugssystemen verschiedene Werte des Zeitparameters zugeschrieben werden, bleibt die zeitliche Reihenfolge der Ereignisse in beiden Systemen erhalten. Dies folgt direkt aus dem Prinzip, dass sich keine Kausalwirkung mit Überlichtgeschwindigkeit fortpflanzen kann.

Auch verlangt die Struktur der einsteinschen Raumzeit, dass die Gleichzeitigkeit von Ereignissen nicht überall gültig ist, sie hängt wesentlich vom Bewegungszustand des Beobachters ab. In gegeneinander bewegten Bezugssystemen verläuft die Zeit unterschiedlich schnell. Im Anschluss an die Diskussion des berühmten Michelson – Morley - Versuches wies Einstein nach, dass der Begriff der universellen Gleichzeitigkeit widerspruchsvoll ist. Es gibt keine absolut gültige Weltzeit mehr, mit der sich alle Uhren problemlos "synchronisieren" lassen. Eine weitere Konsequenz seiner Theorie war die Längenkontraktion von bewegten Körpern in Bezug auf einen ruhenden Beobachter. Raum- und Zeitmaße hatten mit Einstein ihre allgemeingültige und unveränderliche Form verloren. Bewegungen relativ zu einem messenden Beobachter dehnen das Zeitmaß wie Gummi. Die sogenannte einsteinsche Zeitdehnung ist eine Folgerung seiner Theorie, die unsere alltäglichen Vorstellungen von Zeit völlig zerstören. Fliegt z.B. ein Raumschiff fast mit Lichtgeschwindigkeit von der Erde weg, so verfließt auf ihm die Zeit langsamer, als auf der Erde. Ein Raumfahrer altert damit auch biologisch, relativ zum Zeitmaß des Bezugssystems seines Heimatplaneten, weniger. Für einen auf der Erde zurückgebliebenen Menschen verläuft die lokale Zeit langsamer als die Zeit auf dem Raumschiff. Kehrt nun der Raumfahrer zur Erde zurück, so kann es durchaus sein, dass sein Zwillingsbruder doppelt so alt ist wie er selbst. Der Zeitunterschied lässt sich aus den Geschwindigkeitsangaben errechnen. Einstein konnte in seiner Theorie einfache Transformationsgleichungen angeben, die es gestatten, die Zeitangaben des Systems Erde in das System Raumschiff umzurechnen. Das genaue Verhältnis der verstrichenen Zeiten hängt wesentlich davon ab, wie nahe das Raumschiff mit seiner Geschwindigkeit an die universelle Grenzgeschwindigkeit des Lichtes gekommen ist. Der Traum von einer Zeitreise in die entfernte Zukunft ist nach heutiger Erkenntnis im Prinzip realisierbar. Auf eine kurze Formel gebracht: Willst du in die entfernte Zukunft reisen, musst du nur schnell genug sein. Allerdings ist das Erreichen der Lichtgeschwindigkeit für materielle Systeme prinzipiell nicht möglich. Für diesen Fall sagt die Theorie voraus, dass die Zeit in der Ewigkeit verschwindet und dass der Raum in sich zusammenfällt. Das Photon als Träger der Wirkung des Lichtes existiert zwar, aber es existiert nicht in der Zeit. Dies führt natürlich zu spekulativen Überlegungen. Kann es nicht sein, dass unsere Welt der Sinne und Lichtstrahlen von einer hoch organisierten und zeitlosen Photonenwelt durchdrungen wird? Leider sind wir mit unseren unvollständigen Konzepten über die Zeit nicht in der Lage, den Bereich der ewigen und lichtartigen Strukturen zu erfassen.

Die Allgemeine Relativitätstheorie wurde in der Folge in theoretische Bereiche ausgedehnt, die Einstein weder vorausgesehen noch vermutet hat. Und gerade an den Rändern der neueren Forschungen zeigten sich auch die ersten Risse in dieser umfassenden und von der Physikgemeinde allgemein akzeptierten Theorie. Neue Theorien, wie die Quantengravitation, versuchen die beiden Grundpfeiler der Physik, die Allgemeine Relativitätstheorie und die Quantenphysik, zu vereinen. Angewendet auf die Struktur des Mikrokosmos ergaben sich physikalische Interpretationen, die den Raum in einen löchrigen Käse verwandeln. Für die Physiker zeigten die Elementarpartikel Eigenschaften, die man mit Löchern im Raum oder sogenannten Singularitäten verbinden konnte. In der Größenordnung der

Plankschen Länge von 10^{-35} m verwandelt sich die Raumzeit in eine Art Quantenschaum, der vielfache Raumverwerfungen, Durchbrüche und interdimensionale Abkürzungen zu anderen Raumteilen umfasst. Der 3-D-Raum wird so Teil eines umfassenden Hyperraumes. Eingerollte Dimensionen werden in einigen modernen Theorien den bewährten vier Dimensionen der Minkowski-Raumzeit hinzugefügt.

Im Makrokosmos schnüren die Gravitationszusammen-brüche großer Sterne Teile der Raumzeit hinter einem Rand ab. In vielen nicht - euklidischen kosmologischen Modelllösungen der Allgemeinen Relativitätstheorie verliert der Raum seinen kontinuierlichen Charakter. Auch dort bekommt die Raumzeit Risse, Löcher und Ränder, sogenannte Singularitäten. Es ist eine ungeklärte Frage der modernen Raumzeitforschung, was durch die Risse und Löcher der Raumzeit hindurchscheint. Sind es Bereiche höherdimensionaler Räume? Ist unsere kausale Raumzeit vielleicht nur eine schwache Oberflächenrealität unter - oder überirdischer Dimensionen?

Obwohl der Allgemeinen Relativitätstheorie eine Geometrie in nur vier Dimensionen zugrunde liegt, ist es noch lange nicht klar, ob das mathematische Modell ausreicht, die komplexer werdende Wirklichkeit der beobachteten astronomischen Fakten zusammenhängend zu beschreiben. Es gibt heute sehr starke Indizien dafür, dass die Welt noch durch weitere, verborgene Dimensionen strukturiert ist.

Tatsächlich ist im Anschluss an die Formulierung der Allgemeinen Relativitätstheorie viel über die logische Notwendigkeit der Dimensionsvierzahl spekuliert worden. Völlig neue mathematische Einsichten der Physiker lassen die Beschränkungen auf die Dimensionszahl drei plus eins fallen. Das Handwerkzeug hatten die Mathematiker schon hundert Jahre vorher mit ihren höherdimensionalem Geometrien bereitgestellt. Insbesondere die mathematische und formale Schönheit einer Theorie verleitete die Physiker zur Annahme weiterer Dimensionen. Das Ziel lag in einer Vereinheitlichung aller bekannten physikalischen Kräfte durch ein möglichst elegantes mathematisches Modell. So zeigte sich beim Aufbau einer einheitlichen Theorie der Gravitation und des Elektromagnetismus die Denkmöglichkeit höherdimensionaler Räume.

Theoretische Physiker wie Theodor Kaluza und Oskar Klein versuchten den Übergang zu einer fünfdimensionalen Raum-Zeit. Viele Physiker versprachen sich von fünf - und höherdimensionalen Raumzeiten echten physikalischen Erkenntnisgewinn. Modernste Theorien bringen es schon auf elf fundamentale Dimensionen, um unsere Wirklichkeit der experimentellen Fakten elegant und widerspruchsfrei zu beschreiben.

Inwieweit die zusätzlichen Dimensionen unser Verständnis der Zeit erweitern, ist theoretisch noch nicht ausdiskutiert. Viele Physiker sind sich nicht genau sicher, was eine zusätzliche fünfte Dimension, außer einer besonderen Eleganz in mathematischen Gleichungen, eigentlich bedeutet. Haben nun die weiteren Dimensionen die Qualität unseres Raumes oder die unserer Zeit? Oder ist die Zeit eine hartnäckige Illusion und alles im Universum ist nur multidimensionale Geometrie? Einige Raumzeittheoretiker formulieren vorsichtig: die Zeit ist eine nicht völlig verstandene Manifestation einer höheren räumlichen Dimension. Wie eine höhere Dimension in weniger dimensionierten Räumen die Illusion eines Zeitablaufes hervorruft, lässt sich vereinfacht für zwei und drei Dimensionen in einem Gedankenexperiment veranschaulichen. Stellen wir uns die Welt zweidimensional als Flächenland vor. Punkte, Linien, Dreiecke, Vielecke, Kreise usw. sind die "materiellen" Objekte der Flächenwelt. Im Flächenland existieren zweidimensionale Lebewesen, die keinen Wahrnehmungssinn für die dritte Dimension besitzen. Stellen wir uns nun einen dreidimensionalen Körper vor, der sich senkrecht zum Flächenland bewegt. Bei der Durchdringung des Körpers von oben nach unten nehmen die Flachländer nur die jeweiligen 2-D-Querschnitte des Körpers wahr. Die Flächenquerschnitte können je nach Form des Körpers sehr unterschiedlich ausfallen. Aus dem Nichts tauchen Punkte, Linien, Kurven auf, bewegen sich, verändern sich und erzeugen so ein dynamisches Geschehen, das von den Flachländern als Bewegung von zweidimensionaler Flächenmaterie gedeutet wird.

Die Durchdringung des 3-D-Körpers mit der Ebene des Flächenlandes sieht für die Flachländer wie eine Folge von Ereignissen in der Zeit aus. Tatsächlich wird die Lebensgeschichte eines Lebewesens aus Flächenland nur aus Querschnitten eines höherdimensionalen Körpers gebildet. Das Lebewesen erscheint aus dem Nichts eines Punktes, reift zu Linien und Vielecken heran, wird größer, stirbt und löst sich im Flächenland wieder auf. Die

Flachländer können nicht direkt verstehen, dass ihre Erfahrung in jeder Phase nur der geometrische Schnitt mit einem dreidimensionalen Objekt ist, das weder geboren wird, noch stirbt, sondern starr und ewig in einer höheren Dimension existiert.

Durch Analogie verleitet, können wir dreidimensionalen Lebewesen unseren Zeitsinn als eine unvollständige Wahrnehmung einer vierten räumlichen Dimension verstehen. Weltlinien in der vierdimensionalen Raumzeit beschreiben die Bewegung von Körpern in unserem Bezugssystem, dessen Ursprung wir durch $t = 0$, $x = 0$, $y = 0$ und $z = 0$ beschreiben. Die Festlegung der Gegenwart mit $t = 0$ ist als willkürlich anzusehen. Die mathematisch strenge Darstellung der Bewegung durch eine funktionale Beschreibung der Änderungen in den Koordinaten t, x, y und z verführt leicht zu einer unberechtigten Annahme. Man ist geneigt, die Punkte links ($t < 0$) und rechts ($t > 0$) von der Gegenwart ($t = 0$) in gleicher Weise als objektiv schon vorhanden anzusehen. Die Zeitachse wird wie eine Raumachse betrachtet, bei der alle Punkte auf einmal gegeben sind und nicht erst entstehen. In einem Raum-Zeit-Diagramm sind ohne Ausnahme alle t - Werte der Bewegung dargestellt. In unserer subjektiven Erfahrung gibt es aber einen t-Wert von herausragender Bedeutung. Der t-Wert, der die unmittelbare Gegenwart unseres Bewusstseins repräsentiert, der Jetztzeitpunkt. Jetzt ist, wenn wir die Gegenwart der Bewegung sinnlich erfahren. Aber die Gegenwart hat in einem Raum-Zeit-Diagramm keine ausgezeichnete Bedeutung. Die sinnlich erfahrbare Gegenwart und das Verstreichen der Zeit kann in einem Diagramm niemals dargestellt werden. Es gibt in einem Raum-Zeit-Diagramm keine Grundlage mehr, auf der man Vergangenheit, Gegenwart und Zukunft unterscheiden kann. Alle t - Werte auf der Zeitachse existieren in einem gewissen Sinne gleichzeitig. Die Frage, was Zukunft, Gegenwart oder Vergangenheit ist, hängt nur und ausschließlich von der Position des menschlichen Betrachters ab.

Mit der Mathematisierung unserer Raumzeitwirklichkeit verschwand auch die subjektiv gefühlte Lebendigkeit des momentanen Augenblicks aus den theoretischen Beschreibungen. Die Gewohnheit, die Ereignisse in der Zeit wie auf einer geometrischen Linie angeordnet zu denken, führt zu der Vorstellung, dass die zukünftigen Ereignisse wie Meilensteine an einer Straße schon existieren. Unser eingeschränktes Gegenwartsbewusstsein wird dann bei seiner Reise entlang der Zeitachse eines Tages schon auf sie stoßen. Der Physiker Hermann Weyl drückte diese Vorstellung von einem bereits fertigen Block von Raum und Zeit so aus:

"Vor dem Bild des in dieser Weltlinie meines Leibes empor kriechenden Bewusstseins lebt ein Ausschnitt dieser Welt auf und zieht an ihm vorüber als ein in räumlicher und zeitlicher Wandlung befindliches Bild."

(Hermann Weyl, Philosophie der Mathematik und Naturwissenschaften Oldenbourg Verlag, 1966, Seite 150)

Im Weylschen Zitat treffen zeigt sich das Grundproblem einer lang andauernden philosophischen Debatte. Es ist der Streit zwischen der Vorstellung von der objektiven Zeit und der bewusstseinsabhängigen Zeit. Im einen Fall gibt es so etwas wie fließende Zeit, denen sich die Dynamik der Objekte unterordnet. Im anderen Fall ist die Zeit eine Illusion des anschauenden Bewusstseins. Die Bewegung der Gegenwart des Bewusstseins ist es, die eine Illusion der fließenden Zeit aufrechterhält. Nach Hermann Weyl wäre die Welt an sich unveränderlich und ewig, reine 4-dimensionale Geometrie. Die wahrnehmbare, komplexe Bewegung von dreidimensionalen Objekten in der physikalischen Welt reduziert sich so auf die einfacher strukturierte Bewegung des Beobachtungsfeldes eines Betrachters. Da ist kein dreidimensionaler Beobachter, der am Fenster zu einer seltsamen Zeitdimension wartet bis die Inhalte der Zeit vorbei fließen. Das Bewusstsein selbst ist die Bewegung, es ist nicht nur passives Beobachten einer höheren Raumdimension durch einen Schlitz, sondern es wählt seinen Weg durch die Schnitte der vierdimensionalen Welt aus. Das Rätsel bleibt dann die Bewegung des Geistes, da eine Bewegung implizit wieder Zeit voraussetzt. In moderner Deutung wäre das Bewusstsein ein transformativer, sich selbst organisierender Öffnungsprozess zu höheren Dimensionen, in der die Welt nur ist.

Die Evolution des Bewusstseins führt auf eine immer breiter werdende Perspektive, die in höhere Dimensionsbereiche eindringt. Das Bewusstsein bewegt sich. Die Mönche des Zen-Buddhismus würden hier zustimmen. Ein von Zenmeistern an ihre Schüler gerichtete Frage lautet:

"Eine Fahne bewegt sich. Was ist es, das sich bewegt? Ist es die Fahne oder der Wind? "

Die Antwort der Mönche lautet:

"Weder - noch. Es ist der Geist der sich bewegt".

In diesem Modell gibt es keine Gegenwart, "Jetzt" ist nur die unvollständige Illusion eines menschlichen Geistes, der den vollständigen Block aus allen Raumzeitereignissen nicht überblicken kann. Zeit und Raum sind ineinander verschränkte Dimensionen mit Unvergänglichkeitscharakter oder wie ein moderner Physiker es bildhaft ausdrückt:

"Zeit ist bewegter Raum und Raum gefrorene Zeit."

Ein anderer moderner Physiker vergleicht das menschliche Bewusstsein mit einer Kerzenflamme, die in einer starren Landschaft hin und her schwankt und dabei eine Szene nach der anderen beleuchtet. Die Folge von Bildern, die dieses Irrlicht sichtbar macht, sind die Bilder der subjektiven Wirklichkeit eines menschlichen Lebens. Demnach kann unsere Flamme des Bewusstseins nur flüchtige Einsichten in die starre Geometrie der universalen Landschaft erlangen. Diese Metapher eines berühmten Physikers rüttelt auch an unseren etablierten Vorstellungen von Schicksal, Ich und Identität. Doch dieses Feld ist weiterhin unbearbeitet. Die Naturwissenschaften wissen noch zu wenig über die Zusammenhänge von Bewusstsein, Ich, Seele und Identität - und die mögliche Existenz jenseitiger und spiritueller Dimensionen können oder wollen sie nicht überprüfen.

Mit der Idee eines unabhängig von unseren Zeitkategorien Vergangenheit, Gegenwart und Zukunft vorhandenen Blockuniversums, indem das Schicksal eindeutig vorherbestimmt ist, haben sich die Menschen aller Zeiten beschäftigt. In den Mythen und Sagen der Völker existieren viele Beispiele für die Auffassung, dass der Lauf der Welt vorherbestimmt ist. In einer arabischen Erzählung wird von einem Kaufmann berichtet, der eine Geschäftsreise nach Kairo plant. Unsicher über den Ausgang und Erfolg der Reise befragt dieser einen Wahrsager. Der erklärt ihm, dass der Tod in Kairo wartet und dass er diese Reise dorthin nicht überleben werde. Darauf sagt der Kaufmann die Reise nach Kairo ab. Stattdessen reist er nach Damaskus. Dort auf dem Marktplatz spricht ihn eine dunkle Gestalt an. Es ist der Tod, der sich zu erkennen gibt und der bereit, ist den Kaufmann abzuholen. Erschrocken widerspricht der Kaufmann. Er hätte doch nur in Kairo sterben dürfen. Der Tod entgegnet ihm:

"Das ist wahr, ich wollte Dich in Kairo treffen. Doch da habe ich gehört, dass Du Deine Reisepläne geändert hast. Da habe ich die meinen auch geändert."

Der Mensch ist in dieser Parabel nicht Meister seines Schicksals, sondern ist ihm ausgeliefert. Die Zukunft steht unverrückbar fest, jede Aktion, sie zu ändern, ist sinnlos. Ist die menschliche Freiheit vielleicht eine Illusion? Ist unser Schicksal vorherbestimmt? Ist die Zukunft schon geschehen, durch Schicksalsgötter oder das Blockuniversum festgelegt und unveränderlich? Großartige Mythologien sind uns überliefert, in denen das Paradox von der Freiheit und Bestimmung des Menschen symbolisch ausgedrückt wird. Eine Episode aus der Bhagavad-Gita, der klassische Epos der indischen Götterwelt, zeigt eine Antwort auf die Frage nach Freiheit und Vorherbestimmung, die in der logischen Konsequenz den Überlegungen des modernen Physikers Hermann Weyl nicht nachsteht.

Der Held Arjuna steht am Vorabend einer entscheidenden Schlacht zwischen zwei herrschenden Gruppen seines Landes. Arjuna zweifelt an dem Sinn des Kampfes gegen sein eigenes Volk. Kurz vor Beginn der Schlacht beginnt ein tiefsinniges Gespräch zwischen dem Gott Krischna, dem geistigen Beistand der gerechten, Arjunas Partei, und Arjuna selbst. Krischna überzeugt Arjuna von der Notwendigkeit den Kampf zu führen. Er weist nach, dass der Feind schon geschlagen ist.

"Der Feind, o Arjuna , ist schon erschlagen. Ich bitte Dich die notwendige Verbindung herzustellen".

In einer Vision zeigt er Arjuna Bilder der Zukunft. Szene für Szene enthüllt er ihm den zukünftigen Tod seiner Feinde. Auch in den germanischen Göttersagen gibt es deutliche Hinweise, dass der Mensch kaum eine Wahl des eigenen Schicksals hat. Im Urgrund der Welt sitzen die drei Nornen, die Schicksalsgöttinnen, und spinnen die Schicksalsfäden. Den vorgezeichneten Wegen der Nornen sind selbst die Götter unterworfen.

Das Bild von dem unabwendbaren Schicksal, das uns in seine Bahnen zwingt, ist von den alten Mythologien und von den modernen Naturwissenschaften gleichermaßen beschrieben worden. In letzter Konsequenz erzeugt es Sinnlosigkeit und ist daher für die meisten Menschen nicht annehmbar. Tief im Inneren eines jeden Menschen bleibt das starke Gefühl, dass wir frei sind, zumindest im Rahmen unserer Möglichkeiten. Für den an die Gegenwart gebundenen Alltagsmenschen erscheint so die Idee des Blockuniversums kaum annehmbar und ist psychologisch schwer zu verkraften. Die Welt erscheint uns nicht unveränderlich und starr. Wir erleben sie dynamisch und wir beanspruchen für uns selbst einen freien Willen zu besitzen. Fast alle Menschen leben auch heute noch in der täglichen Grundannahme, ihren Weg in die Zukunft selbst zu bestimmen. Die Zukunft ist nicht vorgegeben, sie ist offen. Sie ist eine wichtige Triebfeder unseres Handelns und Strebens. Wir besitzen die fest verankerte Vorstellung, dass wir die Zeit frei nutzen und sie schöpferisch gestalten können. Alles andere erscheint uns Menschen ohne Zweck und Sinn. An der Idee des geometrisch starren und absoluten Universums aus einem Block muss etwas grundsätzlich falsch sein. Aber was ist es, das uns so zweifeln lässt?

Kapitel 9

GEBOGENE ZEIT UND DIE VERGANGENE ZUKUNFT

Die lineare Zeit im Bilde der Gerade ist aber nicht zwangsläufig die einzige mögliche Darstellungsform der Zeitdimension. In der zweidimensionalen Ebene können Linien auch gekrümmt verlaufen. Es ist auch möglich, dass sie sich selbst wieder treffen und überschneiden. Sie können sich am Ende wieder mit dem Anfang verbinden, um so eine geschlossene Kurve zu bilden. Im mehrdimensionalen Raum sind die Möglichkeiten für die topologischen Formen einer eindimensionalen Linie unvorstellbar vielfältig. Sie können dabei in ihrem Verlauf komplizierte Muster weben, vergleichbar einem verfilzten Garnknäuel in drei Dimensionen.

Die Physiker von heute wissen, dass die Materieteilchen sich auf Weltlinien bewegen, über deren Anfang und Ende keine gesicherten Aussagen existieren. Um das Geschehen im lokalen Bereich zu untersuchen, muss man nicht notwendig die Geometrie der Weltzeit im Großen kennen. Es sind immer nur kleine Ausschnitte der Weltlinien von Teilchen oder Teilchengruppen, die dem experimentierenden Naturwissenschaftler verfügbar sind. Bei der Betrachtung von Teilabschnitten einer Weltlinie muss man die Möglichkeit ins Auge fassen, dass die Weltlinie sich lokal umbiegt und sich selbst überschneidet. Dies würde bedeuten, dass Teilchen, die sich entlang derartiger Weltlinie bewegen, im Prinzip mit sich selbst in der Vergangenheit wechselwirken können.

Die Existenz von geschlossenen, zeitartigen Weltlinien steht nicht im Widerspruch zu der allgemein anerkannten Relativitätstheorie. Wie der Mathematiker Kurt Gödel 1949 zeigen konnte, gibt es ein kosmologisches Modell, das solche merkwürdigen und geschlossenen Zeitkurven erlaubt. Es entstand aus einer strengen Lösung der allgemein-relativistischen Gleichungen nach Einstein. Gödel überlegte, wie der theoretisch mögliche Zusammenbruch des Kosmos in einem finalen Kollaps verhindert werden kann. Er fand heraus, dass die zusammenziehenden Gravitationskräfte durch Zentrifugalkräfte des Kosmos ausbalanciert werden, wenn sich der Kosmos dreht. Ein rotierendes Universum besitzt keine ausgezeichnete spezielle Rotationsachse, das Zentrum der Rotation liegt, wie das Zentrum der Expansion, überall. Jeder Beobachter, gleichgültig an welchem Ort, findet sich im Zentrum der kosmischen Rotation. Die rotierenden Massen des Kosmos sind über die einsteinschen Gleichungen mit Raum und Zeit gekoppelt. Daher verdrehen sie die Raumzeitbereiche im großen Maßstab. Im Gödel-Kosmos existieren Teilbereiche, in denen mit Bezug auf eine bestimmte Gegenwart Zeitpunkte der Zukunft mit den Zeitpunkten der Vergangenheit identisch sind. Gödel fand heraus, dass Lichtkegel, die einen Bereich zeitartiger Kurven begrenzen, durch das rotierende Universum in Richtung der Rotation gekippt werden. Ihre Verformung ist so angelegt, dass Teile des zukünftigen Lichtkegels einer Region sich mit den Teilen des Vergangenheitslichtkegels einer benachbarten Region überschneiden.

Der Philosoph und Physiker Hans Reichenbach hat die Situation einer Zeitschleife in einem Gedankenexperiment auf irdische Maßstäbe übertragen. Auch er hält die Ereignisse, die mit einer in sich geschlossenen, zeitartigen Weltlinie verbunden sind, für höchst sonderbar, aber prinzipiell nicht für unmöglich.

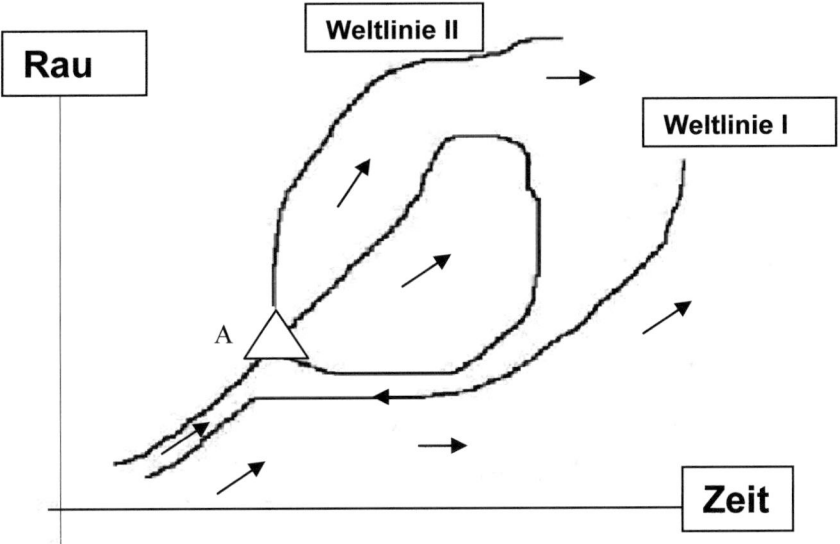

Die Weltlinien I und II seien die Weltlinien je eines Menschen unserer Raum-Zeit. Da in der Zeichnung die drei räumlichen Dimensionen nur durch eine eindimensionale Achse repräsentiert - werden, scheint es so, als ob bei der Umkehr der Weltlinie II zum Punkt A dieselbe räumliche Position eingenommen wird. Das ist

76

aber hier nicht der Fall. Das kleine Dreieck soll andeuten, dass der zurückkehrende Teil der Weltlinie nur in der unmittelbaren Nachbarschaft vom Raumpunkt A vorbeigeht. In diesem Gebiet des Dreiecks soll es jedoch möglich sein, Wirkungen zwischen den beiden Teilen derselben Weltlinie auszutauschen. So sollen z.B. Signale wie Sprechen, Berühren hin- und hergehen können. Der Philosoph Hans Reichenbach erläutert dies so:

"Wir begegnen eines Tages einem Menschen, der uns erklärt, wir seien sein früheres Ich. Er kann uns auch genaue Auskünfte über unseren Zustand geben, berichtet etwa völlig zutreffend, was wir gerade denken. Er prophezeit uns auch unser ferneres Schicksal, darunter sogar, dass wir eines Tages selbst in der Lage sein werden unserem früheren Ich zu begegnen. Wir dagegen halten den Menschen für geisteskrank und gehen weiter. Dasselbe denkt unser Genosse II, der uns zustimmt. Der fremde Mensch geht mit einem überlegenen Lächeln weiter; wir verlieren ihn aus unserem Gesichtskreis, ebenso den Genossen II, und vergessen beide. Nach Jahren treffen wir einen jüngeren Menschen, den wir plötzlich als unser früheres Ich erkennen. Wir sagen ihm wörtlich dasselbe, was damals jener ältere Mann zu uns gesagt hat, er widerspricht uns und hält uns für geisteskrank - wir sind diesmal die überlegenen und gehen weiter. Auch den Genossen II sehen wieder, in genau demselben Alter wie damals; er lehnt jedoch jede Bekanntschaft mit uns ab und hält zu dem jüngeren Ich. In der Folge bleiben wir jedoch mit ihm auf dem gleichen Wege, während das jüngere Ich aus dem Gesichtskreis kommt. Von da ab läuft alles weitere Leben normal. "

(Hans Reichenbach, Philosophie der Raum-Zeit-Lehre, Gesammelte Werke Band 2, Vieweg Verlag, 1977, Seite 167)

Diese Beschreibung einer seltsamen Selbstbegegnung sieht auf den ersten Blick recht harmlos aus. Doch bei einem genaueren Durchdenken der Situation erscheinen unüberwindbare Schwierigkeiten. Die Anordnung der Ereignisse ist kreisförmig, d.h. es ist im Prinzip möglich, dass eine Wirkung zeitlich vor ihrer eigenen Ursache liegt. Wir verändern das Gedankenexperiment an einem entscheidenden Punkt. Das Ich, das in der Zeit zurückgeht, kann bei dem Erreichen seiner eigenen Vergangenheit Handlungen vornehmen, die genau die später eintretenden Ereignisse verhindern, welche die Reise in die Vergangenheit in Gang gesetzt haben. Das ältere Ich könnte sein jüngeres Ich, unter

Umständen mit Zwang, überzeugen, auf keinen Fall in die Vergangenheit zurückzukehren, falls sich in der Zukunft eine Gelegenheit dazu böte. Damit wäre eine Ereignisfolge erzeugt, die logisch unmöglich ist.

Dieses Gedankenexperiment rüttelt fest an unseren gewohnten Vorstellungen von Ursache und Wirkung. Eine Selbstbegegnung der geschilderten Art zerstört eine eindeutige Festlegung der zeitlichen Reihenfolge zweier Ereignisse. Schließt sich eine Weltlinie, so erweist sich die lokale Zukunft als Teil ihrer eigenen Vergangenheit. Die Zeit hätte damit ihre objektive Eigenschaft verloren, die Dinge nach Ursache und Wirkung geordnet wiederzugeben.

Das Reichenbachsche Beispiel regt zweifellos zu weiteren Gedankenexperimenten an, die mit der Physik und Mathematik des Gödelkosmos verträglich sind. Im rotierenden Universum von Gödel lassen sich durch kleine Variationen extrem merkwürdige Verhältnisse erzeugen. Eine minimale Verschiebung in der Form der geschlossenen Weltlinie öffnet die Weltlinie in eine Spirale. Die betrachtete Änderung soll die Zeitartigkeit und Zukunftsorientierung der Kurve bewahren. Die Spirale, oder S-Weltlinie, sei so angelegt, dass sie sich um eine andere, normale und zeitartige N-Linie rückwärts in deren Vergangenheit windet. Auf der S-Linie können sich die Ereignisse nicht wiederholen, da die Spirale an keiner Stelle in sich zurückkehrt. In der Nähe zur N-Linie wird ein Beobachter auf der S-Linie mit seinem Partner von der N-Linie auf seltsame Weise Erfahrungen austauschen können. Während eines ersten Treffens stimmen beide Beobachter über die Richtung der Zeit und die Reihenfolge der gemeinsamen Ereignisse überein. Beim nächsten und den folgenden Treffen findet jeder Beobachter, dass er selbst älter geworden ist, während sein Partner jeweils jünger wirkt. Außerdem sind ihre Erinnerungen an die vergangenen Treffen unterschiedlich. Jeder wird entdecken, dass die Umstände des aktuellen Treffens diejenigen sind, die der Gegenüber beim letzten Treffen beschrieben hat. Was die Erinnerung für den einen Beobachter ist, ist erscheint als korrekte Voraussage für den anderen Beobachter.

Diese bizarren Gedankengänge zu seltsamen Zeitspiralen sind zweifellos logisch korrekt. Ob sie aber in unserer realen Welt zur Anwendung kommen können, ist zumindest bis heute nicht einwandfrei geklärt. Auch darf man nicht annehmen, dass mit diesen wenigen Beispielen alle ungewöhnlichen Variationen des Gödelkosmos erschöpft sind. Aus den Problemen, die sich in seinem Kosmos mit dem Kausalitätsprinzip ergeben, zog Kurt Gödel einen eigenartigen Schluss. Durch die Existenz einer geschlossenen Weltlinie kann ein in Bezug zu einem Jetztzeitpunkt zukünftiges Ereignis durchaus die Ursache eines vergangenen Ereignisses sein. Ursache und Wirkung haben ihre Reihenfolge vertauscht. Daraus folgerte Gödel, dass es keinen objektiven Verlauf der Zeit mehr geben kann. Da jedes Ereignis gleichzeitig sowohl in der Zukunft als auch in der Vergangenheit liegt, gibt es weder eine Richtung, noch ein Verstreichen der Zeit. Die Zeit ist nichts als Illusion.

Natürlich war bald klar, dass der Gödelkosmos mit den Fakten und Eigenschaften des aktuellen Kosmos nur schwer in Einklang zu bringen ist. Nach aktuellem Wissensstand expandiert unser reales Universum, es besitzt ein endliches Volumen und rotiert nicht. Das Gödelmodell hingegen beschreibt einen Kosmos, der unendlich, statisch und rotierend ist. Es sieht so aus, dass zumindest unser Universum die Bedingungen für geschlossene globale Kurven vom Gödeltyp nicht gestattet. Aber schon allein die Tatsache, dass Zeitschleifen aus theoretischen Gründen durch die Relativitätstheorie nicht notwendig ausgeschlossen sind, ist bemerkenswert genug.

Auch wenn das gödelsche Modell durch andere und neue Lösungen der einsteinschen Gleichungen ersetzt wird, ergeben sich Probleme mit dem kausalen Zusammenhang. Insbesondere die Existenz extremer kosmischer Objekte sind Ansatzpunkte für die Untersuchung lokaler Raumzeitverzerrungen und der damit verknüpften Zerstörung einer normalen Zeitordnung. Bei der Analyse der Daten über Supernovas, Quasare, Strings, Pulsare und der theoretisch erschlossenen Schwarzen Löcher treten extreme Massen- und Energiedichten auf. Nach Einstein verformen Masse und Energie die Geometrie des Raumes und die Zeit. Berechnungen der Raumzeitmetrik in der Umgebung eines rotierenden und geladenen Schwarzen Loches zeigen, dass dort geschlossene Zeitkurven existieren. Ein lokales Modell der Gödel-Lösung, das reale physikalische Verhältnisse korrekt wiedergibt, würde ebenfalls die theoretische Möglichkeit von Zeitreisen zulassen müssen.

Die bei den komplizierten mathematischen Berechnungen und Analysen zu Raumzeitkrümmungen erzielten Ergebnisse widersprechen unserem Alltagsverständnis von Raum und Zeit erheblich. Der experimentell eingestellte Physiker wird dazu neigen, die außergewöhnlichen Lösungen für spezielle Raumzeiten als unzulässige mathematische Verallgemeinerungen ohne jeden Wirklichkeitsbezug zu werten.

Unsere etablierten Zeitvorstellungen fordern dazu auf, die gödelschen Lösungen als mathematischen Überschuss abzuwerten. Was nützt es, wenn Zeitkreise nur in hypothetischen Welten existieren. Die Frage ist, ob sich in der Zeitstruktur unserer tatsächlichen Welt solche geschlossenen Zeitkurven finden lassen. Die Modelle, die aus den einsteinschen Gleichungen gefunden werden, sind bisher noch stark idealisiert. Vielleicht ist die reale Natur trickreicher und hat für die Probleme bei Existenz lokaler Zeitschleifen ausreichend Vorsorge getroffen.

Manche Experten bezeichnen die theoretisch berechneten Raumzeitverzerrungen als pathologisch, zu sehr widersprechen sie unserer gewohnten Realität und direkten Naturerfahrung. Trotzdem dürfen diese denkungewohnten, bisher nur theoretisch erschlossenen Zusammenhänge als mögliche Beschreibung realer Naturvorgänge nicht a Priori ausgeschlossen werden, auch wenn zur Zeit kein Weg in Sicht ist, wie praktische Experimente mit und in solchen pathologischen Raumzeiten angestellt werden könnten. Dies alles liegt weit jenseits unserer heutigen technischen Möglichkeiten.

Es ist wichtig darauf hinzuweisen, dass aus der zeitartigen Geschlossenheit von Weltlinien nicht eindeutig folgt, dass das Kausalitätsprinzip verletzt wird. Es ist durchaus denkbar, dass alle Ereignisse auf einer zeitartigen Schleife in sich selbstkonsistent und einen kausal erklärbaren Zusammenhang besitzen. Mit den hier angedeuteten Verhältnissen sind die Grenzen menschlicher Logik und des mathematischen Scharfsinns allerdings erreicht. Auch für die Fachwissenschaftler ist nicht ganz klar, welche weitergehenden Folgerungen aus der realen Existenz von geschlossenen zeitartigen Kurven zu ziehen sind. Zumindest können die Experten nicht mehr ausschließen, dass das Kausalprinzip in seiner strengen Form ungültig ist. In diesem Fall wäre das vollendet, was Gödel angedeutet hat: die lineare Zeit ist nur eine Illusion und das Kausalprinzip als Fundament der Physik ist für immer unbrauchbar. In der reinen Mathematik ist es Kurt Gödel bereits überzeugend gelungen, Fundamente zu erschüttern. Mit seinem berühmten Unvollständigkeitstheorem hat er ein lange verfolgtes Grundlagenprogramm der Mathematik für immer zerstört.

Kapitel 10

WOHIN FLIEGEN DIE PFEILE IN DER ZEIT ?

Beobachten wir in der Natur Prozesse, so können wir oft aus dem Zusammenhang der Teilprozesse auf deren zeitliche Anordnung schließen. Biologische Wesen werden geboren, verändern sich, altern und sterben. Die Reihenfolge Geburt, Leben und Tod ist nicht austauschbar. Das Leben verläuft einsinnig von der Geburt bis zum Tod, wie ein Pfeil folgt es einer vorbestimmten Bahn bis zum Stillstand. Die Gerichtetheit von Prozessen beschränkt sich keineswegs nur auf Lebensphänomene. Wärme überträgt sich immer vom heißeren zum kälteren Körper. Alle Energieumwandlungen, durch welche Maschine auch immer, verlaufen in der Zeit so, dass Wärmeenergie frei wird, die nicht mehr zurückgewonnen werden kann. Physiker sprechen dabei von der Einsinnigkeit der Zeit oder dem entropischen Zeitpfeil. Sie behaupten sogar die Existenz verschiedener Zeitpfeile, deren Zusammenhang noch nicht ganz geklärt ist. In unserem Universum haben die Wissenschaften mindestens fünf Zeitpfeile ausgemacht, die alle in dieselbe Richtung zeigen.

(1)   Mikropfeil
(2)   Entropiepfeil
(3)   Strahlungspfeil
(4)   Expansionspfeil
(5)   Bewusstseinspfeil

Ob ein Urpfeil ausgezeichnet ist, der alle anderen Pfeile bedingt, ist eine bisher noch ungeklärte Frage. Auf der Mikroebene existieren Wechselwirkungen, insbesondere mit K-Mesonen, die auf eine Asymmetrie in der Zeit hinweisen. Es ist nicht geklärt, wie die Asymmetrie des Mikropfeils die Richtung des Entropiepfeils beeinflusst. Der Entropiepfeil und der Strahlungspfeil lassen sich aus den Gesetzen der Wahrscheinlichkeit herleiten. Die statistischen Gesetze der Thermodynamik legen die Einsinnigkeit des Entropiepfeils fest.

Die extremen Ausgangsbedingungen des Universums in seinem Anfang legen einen unwahrscheinlichen Zustand fest, dessen Überführung in mehr wahrscheinliche Zustände die Gerichtetheit der Strahlung ergibt. Der Strahlungspfeil wiederum ist eng mit dem Pfeil gekoppelt, der durch die Expansion des Kosmos definiert ist. Schließlich finden wir in unserem Bewusstsein selbst eine Orientierung. Wir erleben den Lauf der Welt von der Vergangenheit in die Zukunft.

Allerdings scheint der Begriff des Zeitpfeils missverständlich. Hat die Zeit überhaupt Eigenschaften, die mit denen eines fliegenden Pfeils vergleichbar sind? Um diese Eigenschaften in der Zeit nachzuweisen, muss man die Einsinnigkeit des Zeitverlaufes in den Prozessen der Natur als Begründung heranziehen. Man kann dann natürlich nicht den Zeitpfeil als eine Erklärung der Einsinnigkeit der Zeit benutzen. Um einen Zirkelschluss zu vermeiden, sollte man lieber von Pfeilen in der Zeit sprechen.

Es sind die vielfältigen Prozesse in Zeit und Raum, die einen gerichteten Verlauf zeigen, und nicht die Zeit selber. Die Zeit scheint eher eine Voraussetzung für Dinge und Prozesse mit den beobachteten Eigenschaften, wie Richtung und Orientierung zu sein. Die Prozesse selbst sind die Pfeile in der Zeit. Physikalische Phänomene kosmischer Größe, wie die Hintergrundstrahlung und die Expansion des Raumes, besitzen eine eindeutige Richtung. Ebenso ist in allen Prozessen mit Strahlung und Materie nach den Gesetzen der Thermodynamik eine Orientierung vorhanden. Wo genau ist dieser grundsätzliche Unterschied zwischen Zukunft und Vergangenheit in den Gesetzen der Natur verankert? Zu dieser Frage geben die Physiker verschiedener Teildisziplinen scheinbar widersprechende Antworten. Einerseits behauptet die Thermodynamik die Existenz eines gerichteten Entropiepfeils, andererseits stellt die Dynamik der theoretischen Mechanik die völlige Gleichberechtigung von Vergangenheit und Zukunft ohne Einschränkung fest. Wie ist das zu verstehen?

Für einen nicht physikalisch geschulten Laien ist es schwierig einzusehen, wie ein Physiker behaupten kann, dass es in den atomaren Grundgesetzen der Natur keine ausgezeichnete Richtung in der Zeit gibt. Aber nicht alle Möglichkeiten, die diese Gesetze zulassen werden realisiert. Gewisse Prozesse werden bevorzugt, sie sind gerichtet. Jeder Mensch fühlt doch die Gerichtetheit der Zeit, er wird älter, die Zukunft bricht mit neuen, oft unvorhersehbaren Ereignissen in seine Gegenwart ein. Unser Bewusstseinspfeil empfindet die Spitze eines biologischen Pfeils in der Zeit unmittelbar.

Die Begründung für eine ungebrochene Symmetrie der Zeit in physikalischen Grundgesetzen entwickelte sich mit der theoretischen Ausarbeitung der Mechanik. Durch die Untersuchung der Dynamik sich bewegender Körper schufen Galilei und Newton die Grundlage einer Naturbetrachtung mit einer abstrakten Größe Zeit, in der die Zeitaspekte von Vergangenheit, Gegenwart und Zukunft nur eine untergeordnete Bedeutung besaßen.

Analysiert man die Bewegungen einer Anzahl von Teilchen, z.B. Billardkugeln auf einem Tisch zeigt sich, dass die Bewegungsmuster vorwärts und rückwärts in der Zeit gleichberechtigt sind. Wenn man einen Film von den Bewegungen der Billardkugeln dreht und diesen rückwärts ablaufen lässt, so entstehen Bewegungen, die nichts Außergewöhnliches an sich haben. Ein Beobachter, der den Film sieht, hat keine Möglichkeit zu entscheiden, ob der Film die Bewegung zeitverkehrt wiedergibt oder nicht. Bei Zeitumkehr würde z.b. die Erde die Sonne scheinbar rückwärts umlaufen. Auch würde sie sich im entgegengesetzten Drehsinn um ihre eigene Achse drehen. Es ist sofort einsehbar, dass die Umlaufbewegung der Erde nach Zeitumkehr gleichwertig zu einer Bewegung mit entgegen gesetztem Umlaufsinn in einem Spiegelbild ist. Durch die alleinige Beobachtung des Planetenlaufes im Sonnensystem kann man auf keinen Fall erkennen, ob die Zeit bei der Bewegung einsinnig vorwärts oder rückwärts läuft. Diese fundamentale Eigenschaft der zeitlichen Nichtunterscheidbarkeit des Vorwärts - und des Rückwärtslaufes in der Dynamik bewegter Körper schien unwiderlegbar.

Auch in der Weiterführung der klassischen Mechanik durch die Quantenmechanik und die relativistischen Mechanik blieb die sogenannte Zeitinvarianz der Grundgesetze erhalten. Alle Grundgesetze der Dynamik sind zeitumkehrbar. D.h. ersetzt man in einem Gesetz die Zeitvariable t durch - t, so erhält man wieder ein Gesetz, dass man korrekt auf die Welt anwenden kann. Diese Symmetrie der Zeit wird auch als t - Invarianz bezeichnet. Jedes Gesetz der Mechanik ist gegenüber der Ersetzung der Variablen t durch - t unempfindlich.

Vieles in der Welt der alltäglichen Erscheinungen zeigt sich dem Physiker jedoch einsinnig, unumkehrbar. Jeder Mensch stellt in seiner Alltagsbeobachtung Prozesse fest, deren zeitlich umgekehrter Verlauf noch nie beobachtet wurde. Es fällt eine Vase auf den Boden und zerbricht in viele Einzelteile. Eine Umkehrung des Vorganges wäre: Wir lassen die vielen Einzelteile auf den Boden fallen und diese fügen sich spontan zu einer vollständigen Vase zusammen. Diesen Vorgang würde jeder normale Mensch für ausgeschlossen, für ein unglaubliches Wunder halten. Doch die Grundgesetze der Mechanik zwingen den Physiker zu der Folgerung, dass eine umgekehrte Bewegungsfolge von den Teilen zur ganzen Vase mit den Grundgesetzen der Dynamik verträglich ist. Sie ist also prinzipiell nicht unmöglich. Aus unserem Alltag ist jedem bekannt, dass eine geöffnete Parfümflasche nach und nach seine Duftmoleküle in den umgebenden Raum verströmt. Auch wenn man die leere Flasche noch so lange stehen lässt, niemals werden sich alle Duftmoleküle im Zimmer spontan wieder in der Flasche sammeln. Eine Gewehrkugel wird abgefeuert, durchdringt die Luft und bohrt sich in eine Wand. Auch dieses Geschehen hat eine für uns befremdliche wirkende zeitliche Umkehrung: Wir beobachten, wie eine Kugel aus einem Loch in der Wand hervorkommt, an Geschwindigkeit zunimmt und in dem Lauf eines Revolvers verschwindet.

Auch solche merkwürdigen Ereignisfolgen dieser Art werden durch die Gesetze der Dynamik nicht ausgeschlossen. Allerdings wurden sie bisher in der Natur nicht beobachtet. Irgendwoher muss diese Asymmetrie kommen. In der statistischen Deutung nach Boltzmann sind die genannten Umkehrungen im Prinzip möglich, aber extrem unwahrscheinlich. Die natürlichen Prozesse in der Natur tendieren dazu, die mehr wahrscheinlichen Zustände zu bevorzugen. Alle Systeme der Natur streben damit den Zustand größter Unordnung an, d.h. die Zerstörung aller Ordnung. In diesem Sinne beschreibt das immer zunehmende Maß an Unordnung die Richtung des Entropiepfeils. Die Physiker geraten hier in einen sehr ernsten Zwiespalt. Die Dynamik als die Lehre von den Bewegungen und Kräften besitzt Grundgesetze, die zeitinvariant sind. Die Wärme ist eine Form der Bewegung der atomaren Teilchen. Damit ist die Thermodynamik aus der Dynamik ableitbar. Wie kann dann aber die Thermodynamik Prozesse der Natur als irreversibel, also nicht zeitinvariant, beschreiben? Die Basis für die Pfeile in der Zeit ist irgendwo in den Fundamenten der Natur versteckt, aber wo? Irgendetwas muss zu den dynamischen, t-invarianten Grundgesetzen hinzutreten, um die Einsinnigkeit im Verlauf der Makroprozesse zu erzwingen.

Boltzmann und die Naturwissenschaftler des letzten Jahrhunderts glaubten, dass die Richtung der Zeit durch die Gesetze der Statistik erklärt werden kann. Heute scheint es, als ob die Basis für den Zeitpfeil fundamentaler ist als die statistischen Gesetze. Insbesondere wurden die modernen Physiker 1964 weiter verunsichert, als die Möglichkeit einer Verletzung der t-Invarianz von Grundgesetzen in der Partikelphysik bei Wechselwirkungen mit K -Mesonen nicht mehr ausgeschlossen werden konnte. Mögliche Folgerungen in Bezug auf die t - Invarianz können natürlich nur indirekt gezogen werden. Tatsächlich kann man Experimente zu Wechselwirkungen von Elementarteilchen nicht rückwärts in der Zeit ausführen. Die Diskussion dieser Frage ist unter den kompetenten Physikern noch lange nicht abgeschlossen. Allerdings wäre ein Versagen der Zeitsymmetrie in der Elementarteilchenphysik von weitreichender Bedeutung. Als Arbeitshypothese wird allgemein angenommen: Im Prinzip sind alle Vorgänge in der Natur zeitinvariant, mit Ausnahme derjenigen Ereignisse, in denen das statistische Verhalten eine großen Anzahl von wechselwirkenden Teilchen eine Rolle spielt. Für alle makroskopischen Prozesse gilt damit uneingeschränkt der zweite Hauptsatz der Thermodynamik. Wenn man sehr genau hinschaut, kann man im Beispiel des Filmes von den Billardkugeln die zeitliche Vorwärtsbewegung von der zeitlich Umgekehrten im Prinzip doch unterscheiden. Beim Rollen der Kugel treten in Bezug auf die positive Zeitrichtung Reibungsverluste auf. Diese sind für geringfügige Verluste der Bewegungsenergie verantwortlich. Im umgekehrten Falle würde ein minimaler Gewinn an Bewegungsenergie zu verzeichnen sein. Bei einem genauen Vergleich der beiden Bewegungen ist dieser Unterschied messbar.

Das Wachsen der Unordnung bei allen makroskopischen Prozessen ist demnach so etwas wie eine "Uhr" des Universums. Projizieren wir das Ergebnis dieser Tendenz auf die Zukunft, so erscheint das Bild eines Universums, in dem irgendwann einmal die maximal mögliche Unordnung erreicht ist. Die Uhr des Universums ist abgelaufen. Dann ist die zum jetzigen Zeitpunkt so ungleich verteilte Energie aller kosmischen Materie nivelliert, das Universum ist im sogenannten Wärmetod vergangen.

Ein orientierter Pfeil in der Zeit weist von einem höchst unwahrscheinlichen Anfangszustand, dem Urknall, zu einem gleichförmigen Ende, in dem alle Energiedifferenzen geglättet sind. Bis auf mikroskopisch kleine, spontane Schwankungen in den

Bewegungen der verbliebenen Elementarteilchen gibt es in diesem Endzustand keine Dynamik, kein Leben und keine Aktivität. Das gleichförmige Chaos ist eine geistlose Vorstellung. Natürlich konnte die Physiker des letzten Jahrhunderts wenig Gefallen am prognostizierten Wärmetod finden. Der Physiker Ludwig Boltzmann spekulierte über einen möglichen Ausweg. Wenn das Universum ein abgeschlossenes System ist und unbegrenzt lange Zeit existiert hat, warum ist dann der Zustand maximaler Unordnung noch nicht erreicht? Boltzmann beantwortete diese Frage recht einfach. Das gesamte Universum ist schon im Gleichgewichtszustand, dem Zustand maximaler Unordnung. Nur der unserer Beobachtung zugängliche Teil des Universums ist im Ungleichgewicht. Er entsteht aus spontanen Schwankungen des Gleichgewichtszustandes, wie sie ab und zu auftreten, ja nach Boltzmann auftreten müssen. Wenn man nur lange genug wartet, so können auch nach kosmischen Maßstäben extrem unwahrscheinliche Schwankungen entstehen. Als Folge dieser Idee ist unser Teiluniversum aus einem sehr unwahrscheinlichen Anfangszustandes hervorgekommen. Das auftretende Ungleichgewicht wird als lokal beschränkt angenommen.

Auf dem Weg zurück zur Gleichverteilung entfaltet sich das gigantische Schauspiel einer kosmischen Evolution. Gleich fruchtbaren Oasen in der Wüste des Wärmetodes gibt es Möglichkeiten für die Entwicklung von Strukturen, Leben und Intelligenz. Einige wichtige Voraussetzungen der Boltzmannschen Argumentation sind nach heutigem Stand umstritten. Kann man das gesamte Universum überhaupt als ein abgeschlossenes System, als ein isoliertes Objekt auffassen? Darf man die Gültigkeit des zweiten Hauptsatzes der Thermodynamik für das System des gesamten Universums annehmen? Die klassische Vorstellung, dass das Universum und seine Objekte alle gleichzeitig in einem kosmischen Zeitpunkt existieren, ist seit Einstein widerlegt. In der Sicht der Relativitätstheorie ist es nicht mehr möglich, vom Zustand des Universums zu einem bestimmten Zeitpunkt zu sprechen. Die klassische Vorstellung gilt in guter Näherung für lokale Verhältnisse und kleine Geschwindigkeiten.

Außerdem war zur Zeit Boltzmanns nicht bekannt, dass sich das Universum räumlich ausdehnt. Das expandierende Weltall schafft Senken für die Strahlung, die von den Sternen ausgeht. Die Expansion macht so den Energiefluss unsymmetrisch. Durch die

Expansion ist ebenfalls eine Zeitrichtung ausgezeichnet, eben der Expansionspfeil.

Der Übergang vom Unwahrscheinlichen zum Wahrscheinlichen und die Richtung zunehmender Expansion des Raumes definieren beide einen Pfeil in der Zeit. Es ist bis heute unklar, ob der eine Pfeil durch den anderen bedingt ist. Es gibt Weltmodelle, in denen sich das Universum nach einer Expansionsphase wieder zusammenzieht. Muss sich bei der Kontraktion auch der Entropiepfeil umkehren? Setzt man voraus, dass die beiden Pfeile voneinander abhängen, dann würde sich mit dem Übergang zur Kontraktion auch der zweite Hauptsatz der Thermodynamik umkehren. Bei einer Kontraktion des Universums würden Wärme und Licht wieder zu den Sternen zurückkehren. Wärme wird von kalten zu heißen Objekten fließen. Da dann die Sterne Energiesenken sind, wird in ihrem Inneren solange Energie gesammelt, bis die Fusionsprozesse umgekehrt verlaufen, d.h. aus Helium entsteht wieder Wasserstoff.

Gilt die Umkehrung des Zweiten Hauptsatzes überall, so müssen auf der Erde die biologischen Lebewesen mit der Zeit immer jünger werden. Aus Zerfallenem und Chaotischem entsteht "naturgemäß" Ordnung. Flüsse fließen stromaufwärts. Aus flachen Hügeln werden, in einer Art verkehrter Geschichte der Geologie, steile Berge. Aus einem Haufen Asche entsteht spontan eine riesige Eiche. Diese phantastische Welt der Zukunft ist nicht verrückter als ein Film von unserer Welt heute, der umgekehrt abläuft. Grundsätzlich werden alle Prozesse, die in der Expansionsphase abgelaufen sind, in der Kontraktionsphase zeitlich umgekehrt zurücklaufen. Was für uns intelligenten Lebewesen das Ende ist, ist für die entsprechenden Lebewesen des kontrahierenden Universums der Anfang. Im ganzen Universum gibt es kein Ende, sondern nur zwei Anfänge. Während die Entropieuhr der einen Universumshälfte abläuft, wird die der anderen aufgezogen. Die Zeit hat sich zu einem Kreis geschlossen. Die Idee der zyklischen Zeit hat eine neue Variante bekommen. Die beiden "Hälften" unseres Universums bedingen einander, die Kontraktion ist das zeitliche Spiegelbild der Expansion. Der Zeitpunkt der Umkehrung ist sehr interessant. Können überhaupt Wirkungen in Form von Materie und Strahlung die zeitliche Grenze zwischen Kontraktion und Expansion überqueren? Man kann darüber spekulieren, ob intelligente Wesen der zeitverkehrten Welt Nachrichten in ihre Zukunft, die unsere

Vergangenheit ist, schicken können. Da bei einer Zeitumkehrung aus Empfang Sendung wird und umgekehrt, kann wohl die Möglichkeit eines vernünftigen Kontaktes bezweifelt werden. Die Effekte, die bei einer Wechselwirkung mit der anderen, zeitlich verkehrten Hälfte unseres Universums auftreten können, sollten sich als extrem kurios und zu äußerst kompliziert erweisen. Allerdings ist hier anzumerken, dass einige moderne Forscher die Prognose für eine unvermeidliche und kosmische Zeitumkehr beim Übergang in die Kontraktionsphase nicht teilen. So glaubt z.B. der Astrophysiker Stephan Hawkings nachweisen zu können, dass der Zeitpfeil sich im Umkehrpunkt des Universums nicht verändert.

Interessant ist, dass schon Plato die Möglichkeit einer zeitverkehrten Welt betrachtet hat. Das Goldene Zeitalter, das unserer Welt als erstes von vier Weltaltern vorangeht, ist nach Plato ein Zeitalter der Harmonie, des Friedens und des ewigen Glückes. Diesen Urzustand der Welt verbindet Plato mit einem umgekehrten Zeitverlauf. In dem Dialog "*Politikos*" beschreibt Plato einen merkwürdigen Zustand der Welt in ferner Vergangenheit und als Folge von kosmischen Umwälzungen:

"*Welches Alter jedes lebende Wesen hatte, dies blieb ihm zuerst stehen, und alles Sterbliche hörte auf, je länger je älter auszusehen, vielmehr wendete es sich auf das Entgegengesetzte zurück und wurde gleichsam jünger und zarter. Und die weißen Haare der Alten schwärzten sich, die Wangen der Bärtigen aber glätteten sich wieder und brachten jeden zu seiner schon vorübergegangenen Blüte zurück; ebenso glätteten sich die Leiber der mannbaren Jugend und wurden jeden Tag und jede Nacht kleiner, bis sie wieder die Naturen kleiner Kinder annahmen und ihnen an Leib und Seele ähnlich wurden.*"

(Plato, *Politikos*, Kapitel 15, Die größte Veränderung im Lauf der Welt und ihre Folgen, Übersetzung Schleiermacher, 1826)

Die Vorstellung, wie sich eine zeitverkehrte Welt erleben lässt, ist zwar bizarr aber physikalisch durchaus nachvollziehbar. Was in unserer Welt als Zerstörung, Unordnung oder Zerfall erscheint, wird in der Zeitumkehr zum Hervortreten von Ordnung. So steht z.B. am Ende der Schlacht von Waterloo in unserer Welt ein Bild der äußersten Zerstörung. Zerstochene, verstümmelte Leiber liegen umher, an Körper und Geist verletzte Menschen taumeln über das Schlachtfeld. Verstreut und zerbrochen liegen

Kanonen und Ausrüstung auf dem Feld. Zerstörung, Tod und Chaos sind allgegenwärtig und erschrecken die noch Lebenden zutiefst. Aber in der zeitverkehrten Welt gibt der Kriegsgott das Leben zurück. Die toten Soldaten stehen auf. Aus ihren geborstenen Leibern fliegen Kugeln zurück in Gewehre und Pistolen. Säbel und Lanzen lassen sich schließende Wunden und intakte Körper zurück. Kanonen fangen umherschwirrende Geschosse ein. Am Ende stehen sich die Heere unversehrt gegenüber und ziehen friedlich in die Heimat zurück. Überhaupt wäre in der zeitverkehrten Welt jeder Akt von physikalischer Zerstörung unmöglich. Das Ereignis eines Erdbebens würde bedeuten, dass spontan aus einem Haufen von Trümmern und geborstenen Erdschollen Gebäude hervorwachsen. Menschen kriechen unversehrt aus den sich zu fester Ordnung aufrichtenden Mauerwerken. Was in unserer Welt eine stetige Tendenz zu Zerfall und Unordnung hat, wird in der anderen Welt in Formen der Ordnung und der Harmonie übergeführt. Auch in der anderen Welt existieren logische und zwangsläufige Verknüpfungen zwischen benachbarten Zeitpunkten. Die Kausalität der verkehrten Welt ist existent, aber eben in einem tieferen Sinne verkehrt herum. In dieser Welt des Zeitspiegels kommt die Ordnung aus unserer Zukunft.

Bei allen natürlichen Prozessen beobachten wir in Übereinstimmung mit dem Zweiten Hauptsatz der Thermodynamik ein unaufhaltsames Streben zu Auflösung, Unordnung und Zerfall. Die biologischen Einzelwesen erfahren diese Tendenz zu abnehmender Ordnung existenziell, bis der Tod den schleichenden Zerfall abrupt und endgültig abkürzt. Betrachtet man aber das Leben auf der Erde in seiner Ganzheit, so scheint es potentiell unsterblich. In einer endlosen Kette lebendiger Generationen entwickelt sich eine Vielfalt komplexer Lebewesen. Mit der Evolution zu höher stehenden Lebewesen zeigt sich eine Aktivität in unserem Universum, die dem Bestreben nach Unordnung entgegenwirkt. Das Prinzip "Leben" ist offensichtlich geeignet das Chaos zu zähmen und in Struktur zu transformieren.

Zunächst ist das kein Verstoß gegen den Zweiten Hauptsatz. Man kann nachweisen, dass die Zunahme an Ordnung, die sich bei der Entstehung der Organismen zeigt, mit dem Entstehen von mehr Unordnung in dem größeren System Universum gekoppelt ist. Tatsächlich entspricht dem jetzigen Zustand des Universums ein hohes Ungleichgewicht in der

Verteilung von Energie, Materie und Strahlung. Im Universum ist eine Tendenz vorhanden alle Energiedifferenzen auszugleichen und zu glätten. Die Sterne in den Galaxien funktionieren als Quellen eines stetigen Energiestromes. Über Strahlungsprozesse verliert sich diese hochkonzentrierte Energie in den Senken des expandierenden Raumes. Die zu den Sternen relativ kalten Planetenkörper sind den Strahlungen ihrer Zentralsonne ausgesetzt. Materie der Planetenoberflächen und zugehörige Atmosphären entfalten im Fluss der Energien vielfältige Aktivitäten und Wechselwirkungen. Komplizierte und dynamische Strukturen bauen sich auf. Eine seltene, dynamische und sehr komplexe Struktur im System der planetaren Wechselwirkungen mit der Sonne nennen wir Leben. Das Phänomen Leben ist zumindest auf der Erde nachweisbar aktiv und es nutzt die kosmischen Energieströme für den ständigen Aufbau eigener, komplexer und intelligenter Formen.

Lebendige Materie befindet sich niemals im thermo-dynamischen Gleichgewicht, denn das wäre ja die Entsprechung des Todes. Leben ist aktiver Umsatz von Energie, dabei ist eine ständige Zufuhr freier Energie notwendig. Alle Lebewesen tauschen stetig Energie und Materie mit der Umwelt aus. Fachbiologen definieren Lebewesen als offene Systeme im Fließgleichgewicht. Der Körper eines Lebewesens tauscht durch die Aufnahme von Nahrung und ihre Umsetzung nach und nach alle seine Moleküle und Atome aus. Bei diesem Austauschprozess bleibt die Identität des Lebewesens erhalten. Vergleichbar ist dieser Vorgang mit einem Springbrunnen dessen Fontäne in Form und Struktur erhalten bleibt, obwohl dauernd neue Wasserteilchen hindurchfließen. In dem dynamischen Prozess des Auf- und Abbaues ihrer Teilstrukturen lernen die lebenden Systeme immer besser, sich selbst und ihre Beziehungen zur Umwelt optimal zu organisieren.

In den Formationen der Erdgeschichte existieren Dokumente, die uns heute den Vorgang des Lernens der lebenden Systeme hinreichend verstehen lassen. Doch wie hat das Leben auf der Erde begonnen? Im Uranfang der Welt sollen zufällige Kombinationen der unbelebten Materie die Basis des Lebens erzeugt haben, sagen die Gelehrten übereinstimmend. Eine günstige Konstellation der Moleküle, die unsere Grundbausteine des Lebens repräsentieren, ereignete sich spontan vor Milliarden von Jahren auf dem noch jungen Planeten Erde. Dieses Urereignis war der Anfang einer überaus vielfältigen Evolution lebendiger Systeme. Mussten in der Uratmosphäre die Lebensmoleküle zwangsläufig entstehen, sozusagen als eine logische Folgerung aus den bestehenden Naturgesetzen?

Einige Naturwissenschaftler bezweifeln, dass die Anfänge der Evolution des Lebendigen durch den Zufall allein verursacht werden. Sie haben berechnet, dass das Alter des Universums nicht ausreicht, die Möglichkeit der Lebensentstehung als Folge von Zufallsereignissen real werden zu lassen. Viele naturhistorische Dokumente deuten auf die unausweichliche Existenz eines intelligenten, nicht zufälligen Schöpferprinzips. Die Technik, mit der die Natur ihre biologischen Maschinen im Laufe der Jahrmillionen perfektioniert hat, kann durch Zufall, Mutation und Selektion nicht allein erklärt werden. Durch die letzten Jahrhunderte zieht sich eine kontroverse Diskussion der Naturwissenschaftler, die ihre wichtigen Positionen in der Gegenüberstellung von Zufall und Notwendigkeit besitzt. Die zeitlosen Gesetze der Dynamik würden das Universum auf eine gleichförmige Wiederholung des Gleichen reduzieren. Aber die Welt ist kein automatisches Uhrwerk. Vom Einzeller bis zum Menschen führt eine Kette von Schöpfungen und Erfindungen der Natur, die niemals aus den Dynamikgesetzen der physikalischen Materie allein ableitbar sind.

Etwas muss noch zu den ehernen Naturgesetzen hinzukommen, um das immer wieder überraschende Auftauchen des Neuen zu ermöglichen. Wissenschaftler wie Jaques Monod versuchten, die strengen Naturgesetze durch einen mechanistischen Zufallsgenerator zu ergänzen, um die Welt des Lebendigen zu verstehen. Monod initiierte in diesem Sinne ein merkwürdiges Wechselspiel zwischen dem Demiurgen, der die Welt exakt nach Plan entwirft, und dem Urgott Chaos, der seinen kosmischen Tanz nach den Rhythmen des Zufalls konfiguriert. Doch das Bild, das am Ende seiner Theorie über den Einfluss des Zufalls auf die Welt steht, ist für den religiös empfindenden Menschen eine unannehmbare Vorstellung.

"Der alte Bund ist zerbrochen; der Mensch weiß endlich, dass er in der teilnahmslosen Unermesslichkeit des Universums allein ist, aus dem er zufällig hervortrat. ... Er weiß nun, dass er seinen Platz wie ein Zigeuner am Rande des Universums hat, dass für seine Musik taub ist und gleichgültig gegen seine Hoffnungen, Leiden

oder Verbrechen". [Jacques Monod, "Zufall und Notwendigkeit" (1971), Schlusssätze]

Existiert hinter der ungeheuerlichen Maske des scheinbar absichtslosen Zufalls nicht doch ein tieferer Sinn? Gibt es einen wahren, lebendigen und universalen Zufallserzeuger, der die starren Gesetze unserer Raumzeitwelt für seine oder unsere Zwecke nutzt? Wo, in welchen physikalischen oder metaphysischen Dimensionen, ist die Ursache des "sinnvollen" Zufalls zu suchen? Wie bedingen sich Zufall und Ordnung? Diese Fragen sind begrifflich und analytisch nur schwer zu fassen, manche Wissenschaftler neigen dazu, zu sagen, sie sind falsch gestellt.

Dabei haben alle großen Religionen und alle Naturreligionen ausnahmslos und zu allen Zeiten behauptet, dass es eine intelligente Ursache jenseits von Raum und Zeit gibt. Kann man diese kreative und auch transzendente Instanz, die Raum, Zeit und Leben letztlich verursacht, mit den Methoden der exakten Naturwissenschaft überhaupt nachweisen? Gibt es einen strengen Gottesbeweis oder darf ihn die Naturwissenschaft nicht versuchen? Zwischen dem unbegreiflichen Gott der Theologen und der klaren Vernunft der Wissenschaften wird der moderne Mensch hin und her gerissen. Er staunt über die Wunder und Rätsel der Welt, die ihm seine Sinne vermitteln. Doch die Sinnhaftigkeit des Ganzen ist für seinen endlichen Verstand so unergründlich, dass er oft, wie Monod, die Sinnlosigkeit als einzige Antwort akzeptiert. Trotz riesiger Erfolge in der Entschlüsselung der Erbsubstanz und in der Gentechnik, bleibt das Geheimnis des Lebens bis heute ungelöst. Gleichgültig was kompetente Fachwissenschaftler heute noch dazu zu sagen haben, wir wissen einfach nicht, warum aus einer Eichel ein Eichenbaum wird. Das Faktum, das die Evolution im Laufe der Zeit immer komplexere Lebenssysteme erzeugt, führt zu der unausweichlichen Frage aller Fragen. Was ist das endgültige Ziel des Lebens? Trotz hervorragend entwickelter Theorien über die Grundlagen und Baupläne des Lebens, ist uns das endgültige Ziel der Evolution völlig unbekannt. Der Zeitpfeil der Evolution zeigt für uns eine Richtung an, doch den Zielpunkt haben wir noch nicht erkannt.

Die Standardmodelle der Kosmologie versuchen die Tatsache einer orientierten Evolution, sowohl der unbelebten als auch der belebten Materie, theoretisch zu begründen. Bei diesen

Versuchen kommen sie zumindest bei der Entstehung von biologischem Leben in erhebliche Begründungsnot. Die Evolution des Lebens baut im Universum Ordnung und komplexe Information auf. Der physikalische Kosmos selbst neigt eher zu Zerfall von Ordnung, zur Glättung von Ungleichgewichten, zum Wärmetod. Für den möglichen Verlauf der Evolution des Lebens im kosmischen Maßstab bieten sich vier Hauptfälle an:

(1)   Die Evolution des Lebens im Universum ist zeitlich und qualitativ unendlich.

Bisher hat das Leben immer neue Stufen von Komplexität erreicht. Wir können uns nur schwer vorstellen, welche Höhen die Lebensphänomene grundsätzlich erreichen können, wenn sie unendlich viel Zeit haben. Da das endliche Bewusstsein nur schlecht mit unendlichen Größen umgehen kann, ist ein finales Ziel nicht vorstellbar.

(2)   Ein Zustand optimaler Balance aller kosmischen Kräfte und höchste Harmonie in Bezug auf fortentwickelte Lebensphänomene wird nach endlicher Zeit erreicht.

Der finale Zustand einer paradiesischen Welt kann u.U. in asymptotischer Näherung angestrebt werden. Möglicherweise sind der Lebenskraft durch die bestehenden physikalischen Gesetze Grenzen gesetzt, so dass sich die Lebensphänomene auf einen Grenzwert optimaler Ausdehnung hin bewegen. Welche und ob der Mensch eine tragende Rolle in dem gigantischen Zyklus der Evolution spielt ist aus seiner bisherigen kurzen Geschichte noch nicht ganz ersichtlich. Nach heutigem Stand ist es nur eine spekulative Möglichkeit, dass die Entstehung von immer komplexeren Lebensformen schließlich alle Materie erfassen wird. Obwohl die biologischen Lebensformen in ihrer räumlichen Ausdehnung relativ klein sind, haben sie eine Kraft entwickelt, die, soweit wir heute wissen, über Existenz eines Planeten entscheiden kann.

Allerdings ist die Geschichte des Lebens auf unserer Erde der bisher einzige Nachweis der im Leben verborgenen Dynamik. Leben als das einzige uns bekannte offene System mit noch unvorstellbaren Zukunftschancen der Entwicklung könnte eines Tages das Schicksal des Universums selbst in die Hand nehmen. Im Sinne Teilhard de Chardins entspricht dieser Vorstellung die

Idee von der immer mächtiger werdenden Ausbreitung der Noossphäre. Der in die Evolution der Geschöpfe verwickelte Geist macht sich immer größere Bereiche des Universums untertan, um in einem endgültigen Sieg über die widerspenstige Materie alle Kräfte des Universums auszubalancieren, zu harmonisieren und in ein göttliches Paradies zu transformieren.

(3)   Durch Zusammenbruch und Wiederentstehung vollzieht die Evolution die Form eines Zyklus, der sich periodisch endlos wiederholt.

Die Evolution der physikalischen Welt vollzieht sich nach dem heutigen Stand der Kosmologie nach Alternative (3). In der indischen Götterlehre wird angenommen, dass die erste und ewige Wesenheit den Kosmos aus- und einatmet. Jedes Universum ist in einer endlosen Folge von Universen nur ein Atemzug Brahmas. Inwieweit ein Kosmos der Ideen in die Pläne einer Vielzahl von oszillierenden Evolutionen verwickelt ist, ist ebenfalls nur Spekulation. Ist es das Wirken aus einer schöpferischen Transdimension, das im Zusammenspiel mit der spröden Materie Welten erschafft, mit ihnen spielt und sie nach endlicher Zeit wieder zurücknimmt? Ist die geschaffene Welt endlicher Ausdruck einer unendlichen Kreativität? Naturreligionen, Mythologien vieler Kulturvölker und gnostische Spekulationen geben viele Hinweise, die mit einem Schöpfergott und mit dem Modell des oszillierenden Universums verträglich sind.

(4)   Die Evolution geht in einem endgültigen Kollaps unter. Ihre Einmaligkeit hat keine Bedeutung auf dem Hintergrund des chaotischen Rauschens von Strahlung und den zufälligen Energie-fluktuationen eines unbegreiflichen und sinnlosen Universums.

Im Zusammenhang mit dem Leben auf der Erde ist die Alternative (4) ebenfalls in Betracht zu ziehen. Die Selbstzerstörung der Erde durch die sogenannte Krone der Schöpfung, den Menschen, ist eine heute durchaus realistische Möglichkeit. Konsequent pessimistische Naturwissenschaftler könnten das Leben als einen parasitären Befall der Erde diagnostizieren. Die lokale Störung der kosmischen Ordnung im universellen Maßstab würde dann mit der Vernichtung der Leben tragenden Erde enden. Dabei ist die These einer fehlgeschlagenen Evolution des irdischen Lebens diskussionswürdig. Die modernen Wissenschaften untersuchen sehr sorgfältig das gigantische

Schauspiel der Lebensentwicklung auf der Erde und den Gang seiner Geschichte. Sie beleuchten auch die merkwürdige Rolle, die das menschliche Leben und die menschlichen Kulturen in der Dynamik der planetaren Biosphäre spielt. Dabei kommen einige Wissenschaftler zur der tragischen Erkenntnis, dass der Mensch ein Irrläufer der Evolution ist, eine völlige Fehlentwicklung. Sie diagnostizieren, dass die immense intellektuelle Entwicklung des Homo Sapiens mit der seiner emotionalen Reife nicht Schritt gehalten hat. Dabei nimmt der Mensch für sich in Anspruch, die Krone der Schöpfung, ein Ebenbild des ewigen Gottes zu sein.

Diejenigen, die dieses Missverhältnis zwischen Anspruch und Realität empfindsam wahrnehmen, verfallen oft einer zynischen Hoffnungslosigkeit. Kulturpessimisten, wie Theodor Lessing, resignierten angesichts der momentanen Befindlichkeit des Menschen und seiner ihn umgebenden Natur.

"So verfestigte sich immer mehr mein Grundgedanke, dass die Welt des Geistes und seiner Norm nur die unentbehrliche Ersatzwelt eines am Menschen erkrankten Lebens sei, nur das Mittel zur Errettung einer in sich fragwürdig gewordenen, nach kurzer Wachbewusstheit spurlos wieder versinkenden Gattung durch Wissenschaft größenwahnsinnig gewordener Raubaffen "

(Theodor Lessing, Geschichte als Sinngebung des Sinnlosen, 4.Auflage Leipzig, Seite 28)

KAPITEL 11

UNIVERSEN ZWISCHEN NICHTS UND EWIGKEIT

Dem anerkannten Standardmodell zufolge ist das Universum in einem gigantischen Urknall, einer sogenannten Singularität der Raum-Zeit, entstanden. Die gesamte Energie des Universums war in einem winzigen Punkt konzentriert. Mit der Explosion dieses singulären Punktes begann die Geschichte unseres Universums. Eine physikalische Theorie über den Zustand des Universums zum genauen Zeitpunkt Null existiert nicht. Es ist noch nicht einmal klar, ob die Zeit überhaupt vor dem Nullpunkt existiert. Der scheinbar ursachenlose Anfang des Universums gibt noch Raum für die Schöpferkraft eines göttlichen Wesens. Am Uranfang des Universums war das Wort und es dauerte nur 0,000000000000000000000000000000000000000001 Sekunden lang. Was danach geschieht, kann der Verstand des endlichen Menschen begreifen. Bis heute hat er die wesentlichen historischen Grundzüge des Universums erforscht, das ihn hervorgebracht hat. Schon 10^{-43} Sekunden nach dem Uranfang erreicht die entstehende Blase der Raum-Zeit einen Zustand, den kompetente Physiker für physikalisch beschreibbar halten. In einem Zeitpunkt kurz nach der Anfangssingularität befolgen die entstehenden Muster physikalische Gesetze, deren unveränderte Gültigkeit bis in die aktuelle Epoche des Universums andauert.

Die Physiker waren in der Lage, die ersten, turbulenten Minuten des Universums zu rekonstruieren. Die Entwicklung danach bis zu Ausformung von Galaxien, Sternen und Planeten ist hinreichend genau bekannt und geschieht in Übereinstimmung mit den heute anerkannten physikalischen Gesetzen. Den heutigen Physikern erscheint die Tatsache des Urknalls wie eine unbedingte Schöpfung aus dem Nichts. Scheinbar ohne Grund, dem Zugriff der Zeit seltsam entrückt, entwickelt sich das Universum aus einem dimensionslosen Punkt. Die Begriffe Vorher und Nachher, Anfang und Ende geben nur Sinn innerhalb einer Zeitdimension, die ohne eine Koppelung an Ereignisse eines Raumes schwer vorstellbar ist. Vor dem Big Bang gibt es keine physikalisch sinnvoll definierbaren Ereignisse, die in einen Raum und eine Zeit auseinander gefaltet sind. Wie ist ein zeitlicher Anfang ohne Zeit denkbar? Das Entstehen der Zeit aus einem mathematischen ausdehnungslosen Punkt ist eine anschaulich nicht fassbare Vorstellung. Dieser Punkt darf noch nicht einmal als Teil eines umgebenden Raumes vorgestellt werden, der Punkt selbst enthält den noch zu schaffenden Raum. Ein Punkt besitzt natürlich keine Zeitattribute, wenn er überhaupt irgendwelche besitzen kann. Als geometrisches Objekt ist er in einem abstrakten mathematischen Sinne zeitlos. Für die Physiker äußert sich der Sachverhalt des Uranfangs durch das Unendlichwerden von Größen, die in ihren Theorien berechnet werden. Die Krümmungen von Raum und Zeit wachsen mit der Annäherung an den Big Bang über jede Grenze. Und über eine gewisse Schwelle hinweg lassen sich die heutigen Gesetze der Physik nicht mehr sinnvoll anwenden. Das Ende der Zuständigkeit der Physik nennen die Physiker den Anfang einer Singularität.

Das Nichts wird negativ durch die Abwesenheit aller Dinge beschreiben. In der modernen Physik ist die Leere im Begriff des Vakuums erfasst. Das Vakuum ist zunächst ein Raum, der frei von Materie und Feldern ist. Neuere Forschungen zeigten, dass das Vakuum eine ungeheure Energiedichte besitzt. Der Vakuum-zustand eines physikalischen Systems ist definiert als der Zustand niedrigster Energie, der unter gegebenen Anfangs- und Randbedingungen erreicht werden kann. Das Vakuum als Zustand, der Energie enthält, verleitete moderne Theoretiker zu gewagten Spekulationen über den Ursprung des Universums. Was wäre, wenn das gesamte Universum nichts anderes ist, als eine Schwankung des Zustands des Vakuums, also eine Vakuums-fluktuation? Berechnungen ergaben, dass der latente Energie-zustand eines Kubikzentimeters voll leeren Raumes, die Gesamtenergie unseres Universums aus Materie und Strahlung übertrifft. Das Universum von Zeit, Raum und Materie, so wie wir es heute kennen, ist aus einem Medium geboren worden, das Leere und Fülle zugleich umschließt. Die frommen Weisen vergangener Zeiten würden dieses Medium ohne Bedenken als das unfassbare Nichts bezeichnen, das die Fülle erzeugt. So sind von den alten Philosophen und Weisen Indiens tiefsinnige Gedanken über den Ursprung der Schöpfung überliefert. Im Rig-Veda heißt es über den Uranfang:

"Kein Sein, kein Nicht-Sein gab es, nicht Raum der Luft noch keinen Himmel darüber. Was regte sich und wo? Wer war es, der regte? War es Wasser, das den bodenlosen Abgrund füllte? ...
Ein namenloses Wesen hauchte tiefe Seufzer, im Übrigen war nichts im Weltenchaos. Ein Dunkel war da, gehüllt in Dunkel, ein formlos Ding war die weite Welt, die Welt des leeren

Nichts, versteckt in Leere, doch Leben zeugte eine Glut im Inneren, Begehren war das Erste, was sich regte, des Lebensgeistes erstes Zeichen war es. Doch wer ist es, der der Urzeit Sage kennt? Wer weiß, wie diese Welt geschaffen worden? Den dazumalen gab es niemand. Wer kann wohl sagen uns, was keiner schaute? Wie Weltanfang war in Urnachtszeiten? Weiß einer, ist es er, der das All bewacht in Himmelshöhe, doch vielleicht auch er nicht ... " .

Die alten indischen Denker glaubten, dass die Fülle des Universums aus einem leeren Nichts hervorgegangen ist. Wie es scheint, haben moderne Naturwissenschaftler und esoterische Mystiker die unvorstellbare Potenz des Nichts unabhängig voneinander entdeckt.

Das geschaffene oder entstandene Universum in Raum und Zeit war am Uranfang in einem absoluten Nichts, einem mathematischen Punkt vereinigt. Aus diesem ausdehnungslosen Punkt erwuchsen in einem heute noch andauernden, dynamischen Prozess Raum, Zeit, Strahlung und Materie. Die heutigen Physiker können den Zeitpunkt Null der Schöpfung festlegen, aber nicht beschreiben. All ihre so erfolgreichen Theorien verlieren dort ihre Gültigkeit. Sie sagen mit Recht, dass hier die Methodik ihrer Wissenschaft aufhört und unbegründeten Spekulation

Die Physiker würden mit einigem Zögern das Vakuum als das Medium bezeichnen, das virtuell alles enthält. Ein Punkt dieses unbeschreiblichen Nichts explodiert und erzeugt die Dimensionen von Raum und Zeit. In den modernen physikalischen Theorien ist eine Ursache dieser Explosion nicht begründbar. Die Messgeräte des Physikers funktionieren nur in den Bezugsrahmen von Raum und Zeit. Außerhalb davon ist nichts messbar. Das Nichts hat ja definitionsgemäß keine Eigenschaften. Das Vakuum als einen Zustand Gottes zu bezeichnen würde den Mystiker zufrieden stellen, aber die selbst gezogenen methodischen Grenzen des Physikers überschreiten. Das darf den Physiker aber nicht darin hindern, die Sinnhaftigkeit aller Existenz auch im Gespräch mit dem Mystiker weiter zu suchen. Insbesondere dann, wenn beide trotz verschiedener Ansätze zu ähnlich formulierten Resultaten kommen.

Natürlich gab es viele Bedenken und auch konkurrierende Theorien, die die verwirrenden singulären Verhältnisse zu umgehen trachteten. Doch die These vom singulären Uranfang ist wesentlicher Bestandteil aktuell diskutierter und anerkannter Kosmosmodelle geblieben. Dabei geben die führenden Forscher durchaus zu, dass sie selbst Schwierigkeiten haben sich eine Singularität anschaulich vorzustellen, obwohl sie ihr ohne Probleme einen wohldefinierten mathematischen Sinn geben.

Über die dem Uranfang nachfolgende Geschichte des Universums bis zu unserer heutigen Epoche lassen sich viele gesicherte Kenntnisse angeben. Als die Schöpfung aus dem Nichts begann, wurden gewaltige Energiemengen freigesetzt. Diese verdichteten sich in den expandierenden Raum hinein zu atomaren Teilchen. Im stetig größer werdenden Universum aus Strahlung und Materie entwickelten sich dann die Galaxien, die Sterne und die Planeten. Die Sternsysteme bewegen sich in komplizierten Mustern durch gigantische Weiten. In unserer heutigen Epoche gleicht das Universum eher einem gigantischen Schwamm. So können die Astronomen in Raumblasen von 200 Millionen Lichtjahren Durchmesser überhaupt keine Galaxien finden. Umgeben sind die trostlosen Leeren von Wänden aus Klumpen von Galaxien. Eine von den größten bekannten Galaxienansammlungen ist als "*Große Mauer*" in die Fachliteratur eingegangen. Einige Astronomen sind der Ansicht, dass die sich heute darbietende Struktur des Universums eine Revision der Urknalltheorie verlangt. Die Zeit, die seit dem angenommenen Urknall verging, reicht nicht aus, um diese gigantischen Strukturen aus Leere und Fülle zu bilden. Man nimmt daher an, dass sich das Universum in frühen Epochen extrem schnell ausgedehnt hat. Mit der These von der dunklen Materie mit Inflation haben die Kosmologen die Urknalltheorie erweitert und abgewandelt. Im inflationären Modell lassen sich einige Merkwürdigkeiten von aktuellen astrophysikalischen Daten erklären. In den Computerhochrechnungen über eine zukünftige Entwicklung des Universums scheinen die Galaxien unter dem Sog von ungeheuren Kräften zu stehen. Schwarze Löcher in den Zentren der Galaxien und unsichtbare Materieballungen werden dafür verantwortlich gemacht.

Wohin streben die entstandenen kosmischen Strukturen, was für ein Ende in der Zeit ist durch die Naturgesetze vorprogrammiert? Welche Zukunft hat ein Universum, in dem die Galaxien ständig entweichen und voneinander fliehen? Verliert sich die gewaltige Schöpfung aus dem Nichts in unendlich weiten

Raumtiefen? Astrophysiker haben berechnet, dass die Gesamtmasse des Universums, falls sie einen kritischen Wert überschreitet, durch Gravitationskräfte die Expansion des Raumes stoppen wird. Eine endgültige Aussage über die im gesamten Universum vorhandene Masse konnte bis heute nicht gemacht werden. Vorsichtige Schätzungen ergaben einen Wert, der knapp an der Grenze zur kritischen Massendichte liegt. So ist zum Beispiel noch ungeklärt, ob das Neutrino eine Masse besitzt. Das Neutrino ist ein Elementarteilchen, das bei Fusionsprozessen in Sternen erzeugt wird. Als sogenannte Neutrinostrahlung werden die Teilchen in großer Zahl in den Weltraum abgestrahlt. Allerdings ist das Ereignis einer Wechselwirkung von Sonnenneutrinos mit den Atomen der Erdmaterie äußerst selten. Für den experimentellen Nachweis müssen die Physiker teure, hochsensible und komplizierte Detektoren einrichten. Sollten die Neutrinos eine Restmasse haben, so hätte dies für die Schätzungen der Gesamtmasse des Universums erhebliche Konsequenzen. Eine andere Möglichkeit die Gesamtmasse des Universums nach oben zu korrigieren liegt in der dunklen, nicht strahlenden Materie. Über die Größenordnung der heute im Universum vorhanden Dunkelmaterie liegt keine verlässliche Schätzung vor. Dabei ist klar, dass die dunkle Materie über die Zukunft unseres Universums entscheidet.

Liegt die Masse des Universums über dem kritischen Wert, so muss sich das Universum wieder zusammenziehen. Raum, Zeit und Materie verschwinden in diesem Fall wieder in einer Singularität, einem Nichts. Der Zustand am Ende der Zeit ist dem Zustand des Urknalls sehr ähnlich. Physiker vermuten nun, dass das Ende wieder in einen neuen Anfang übergehen wird. Das Universum oszilliert so zwischen zwei Singularitäten hin und her. Eine endlose Menge von Universen ist denkbar. Vergleichbar dazu ist ein Bild aus dem indischen Götterhimmel, demnach der Gott Brahma die ganze Welt ausatmet und wieder einatmet. Unser heutiges Universum als Atemzug einer ewig lebendigen, kosmischen Gottheit aufzufassen, ist eine faszinierende Vorstellung. Hier drängt sich die Idee des lebenden Weltalls auf, das Universum als eine vitale organische Ganzheit. Sind dem kosmischen Lebewesen zeitliche oder räumliche Grenzen gesetzt? Oder besitzt es eine unbegrenzte schöpferische Quelle, die selbst Naturgesetze ändern und ganze Kosmologien völlig neu und anders ablaufen lassen kann? Gibt es eine aufsteigende Folge von Universen, jedes gewaltiger, schöner und vollkommener als das jeweils vorherige? Dieser Traum vom Vorwärtsschreiten aller Schöpfung zur höchsten Perfektion, zum Paradies der vielen Welten, ist sicher keine rein wissenschaftliche, aber eine allzu menschliche Vorstellung und Hoffnung.

Mit der Idee des oszillierenden Universums scheint die unendlich ausgedehnte Zeit theoretisch gesichert. Die Zeit ist ohne Begrenzungen. Nur die Prozesse, die in ihr ablaufen, haben Anfang und Ende. Die Evolution der Galaxien zwischen dem "*Big Bang*" und dem "*Big Crunch*" ist nur eine kleine Episode, eingebettet in eine Unendlichkeit von linear angeordneten Raum-Zeit-Zyklen. Im Periodenuniversum scheint die Zeitdimension als eindimensional und definitiv unendlich fixierbar.

Das Bild von einer linearen Folge mit unendliche vielen Universen, deren Zyklen jeweils durch eine Singularität getrennt sind, lässt sich allerdings auch anders deuten. Es gibt Astrophysiker, die glauben, dass die Zeit untrennbar an die Entstehung des Raumes gekoppelt ist, d.h. ohne Raum keine Zeit. Mit dem Urknall oder der Anfangssingularität kommt die Zeit erst in die Existenz. Da an den kritischen Übergangspunkten die Dimension der Zeit aufhört zu funktionieren, existiert auch keine Zeit dazwischen. Da es so außerhalb der Raumzeiten keine Zeit gibt, sind alle entstandenen und vergangenen Universen in einem zeitlosen Sein auf ewig koexistent.

Spekulative Modellbetrachtungen der Astrophysiker schließen nicht aus, dass Wirkungen aus einem Universum in ein Anderes übergehen. Es ist denkbar, dass in der Anfangs- und Endsingularität unendliche viele Universen topologisch miteinander verbunden sind. Durch Quanteneffekte, die in der Nähe der Singularität an Bedeutung gewinnen, können bestimmte Wirkungen die Singularität unter Umständen durchtunneln und in einem anderen Universum auftauchen.

Neue Überlegungen vermuten, dass ein sogenanntes Superuniversum in endloser Folge, ähnlich einem chaotischen Superschwamm in einer Seifenlauge, ganze Blasen von Raumzeiten aufsaugt, gebiert und zerstört. Unser Universum erscheint nach diesen neuesten Ansichten nur als Teil eines gigantischen Superuniversums in dem unendlich viele Raumzeitblasen eingebettet sind. Im chaotischen Superraum der Superfluktuationen werden stetig Babyuniversen geboren, einige wachsen zu einem vollen Universum heran, vergehen nach Äonen und andere entstehen neu. Das Superuniversum ist in diesem Sinne als ein ultrakosmologisches Netz zu betrachten, das von unendlich vielen Universen oder Raumzeitblasen aufgespannt wird. Damit existieren potentiell auch unendlich viele Verknüpfungsmöglichkeiten. Vielleicht kann ein Universum mit jedem anderen Universum Wechselwirkungen über die Singularitätsbarriere austauschen, vielleicht sind sie aber auch fensterlos und führen eine geheimnisvolle prästabilisierte, unergründliche Koexistenz.

Auch für dieses moderne kosmologische Modell besitzt die indische Götterlehre ein mythologisches Bild. Es wird erzählt, dass der oberste Gott Indra mit einem unendlichen Netz aus Perlen spielt. Jede Perle gehört zu einer Welt, die aus seiner Schöpferkraft geboren wurde. Bei der Betrachtung eines Superuniversums aus unendlich vielen Raumzeiten ist die Frage interessant, inwieweit sich die Verhältnisse eines Universums im Zyklus eines anderen Universums wiederspiegeln. Sind alle logisch möglichen Universen in irgendeiner Form miteinander verwandt?

Es gibt Vermutungen, dass die Naturgesetze in einem anderen Universums auch grundsätzlich anders sein können. Die fundamentalen Naturkonstanten, die Aufbau und Entwicklung eines Universums entscheidend regeln, müssen nicht zwangsläufig die uns bekannten Werte haben. Möglicherweise können sich die numerischen Werte der Naturkonstanten beim singulären Übergang in ein anderes Universum ändern. Neue Relationen zwischen den fundamentalen Konstanten, ihre sogenannte Feinabstimmung, führen mathematisch nachweisbar zu völlig unterschiedlich aufgebauten Universen. Die Naturkonstanten reagieren sehr empfindlich auf geringfügige Änderungen ihrer Werte. Verändert man die Verhältnisse der Wechselwirkungs-konstanten nur um wenige Prozent, so lassen sich kosmologische Modelle entwickeln, in denen überhaupt keine Sonnen und damit auch keine Planeten entstehen können.

Die ewige Wiederkehr des gleichen Universums wäre durch ein freies Gestaltungsprinzip in den Verhältnissen der Naturkonstanten zueinander aufgebrochen. Endlose und extrem unterschiedliche Variationen von kosmischen Dramen und Welten wären möglich. Doch wer wirft die Würfel, wer setzt fest, was und warum es anders kommen soll? Durch welchen Prozess bekommen die Naturkonstanten und die daraus resultierenden Grundgesetze ihre Werte und Anordnung?

Die Vielfalt theoretisch möglicher Universen lässt auch bei gleichartigen Naturgesetzen immer noch viel Raum für die Kreativität einer göttlichen Schöpferkraft. Es sind natürlich auch Universen denkbar, in denen die Naturgesetze überhaupt keine Ähnlichkeit mit den uns bekannten haben. Wie solche Universen beschaffen sein mögen, ist für unsere endliche Phantasie niemals auszuloten, hier tut sich ein erschreckender, uferloser Ozean unvorstellbarer Welten auf. Welche unendliche Schöpferkraft kann dieses Chaos möglicher Universen bändigen? Der göttliche Buddha soll aus psychohygienischen Gründen den Rat gegeben haben, sich mit diesen Fragen überhaupt nicht zu befassen. Der endliche Geist des Menschen ist nicht geschaffen worden, um die letzten und unergründlich tiefen Geheimnisse der Allschöpfung zu verstehen.

Beschränkt man sich darauf, dass in allen möglichen Universen die Struktur der Naturgesetze gleich bleibt, so kann man bei Vorgabe der Werte der Naturkonstanten nach menschlichem Wissen die Entwicklung des Kosmos im Prinzip vorhersagen. Man könnte zum Beispiel diejenigen Werte bestimmen, bei denen der Kosmos das Entstehen von intelligentem Leben begünstigt. Unser Kosmos gehört zweifelsohne zu dieser Klasse, denn sonst wären wir nicht da. Man kann diese Überlegung sogar zu einem Prinzip machen. Weil wir denkenden Wesen in dem Kosmos existieren, muss er so und so beschaffen sein. Das sogenannte anthropische Prinzip gibt dem Menschen wieder eine zentrale Stellung zurück, die er mit den Erkenntnissen der klassischen Naturwissenschaften zunächst verloren hatte.

Die Religion und damit die Vertreter der Kirche haben hartnäckig gegen die Ideen der aufkommenden Natur- wissenschaften um die zentrale Stellung des Menschen in Gottes Welt gekämpft. Gott hat die Welt und alle Geschöpfe für den Menschen gemacht. Diese Aussage war ein nicht zu löschendes Dogma der Kirche. Zunächst schien der Kampf für Rom verloren, als man feststellte, dass das irdische Leben und die Erde nicht im Zentrum des Universums stehen. Die Erde ist, so wurde klar bewiesen, nur ein kleiner, kugelförmiger Planet einer unbedeutenden Sonne am Rande einer riesigen Galaxie, die wiederum nur eine von Unzähligen ist.

Heute, 300 Jahre nach Galilei, beginnen die Wissenschaftler zu erkennen und einzusehen, dass die Naturkonstanten so fein und harmonisch aufeinander abgestimmt sind, dass das Leben und damit auch intelligentes Leben kommen musste. Sie erkennen beim Bau des Universums planvolle Absichten und geniale Ideen. Doch denn Schritt zur faktischen Anerkennung einer höheren, schöpferischen Intelligenz, der Bau und Ausführung des Kosmos unterworfen ist, wagen sie nicht. Die Fragen nach den letzten Ursachen sind mit der Methode der Naturwissenschaft nicht immer sinnvoll zu stellen. Es ist Glaubenssache, persönliche Meinung oder gar unnötige Spekulation. Und doch sind es einfache, laienhafte Fragen, Fragen wie sie gerne die Kinder stellen, die unsere Naturwissenschaftler nicht beantworten können und mit dem Verweis auf ihre Nichtkompetenz auch nicht wollen. Warum wurde unsere Welt geschaffen? Warum gibt es denkende Menschen?

Wenn der interessierte Laie den Mythos vom oszillierenden Universums im Gewande naturwissenschaftlicher exakter Sprache vernimmt, will er auch wissen, wie wir allgemein als Menschen in Beziehung zum Anfang und Ende der Singularitäten stehen. Sind Leben und Intelligenz nur unbedeutende und zufällige Erscheinungen im Laufe der Kosmosentwicklung? Was geschieht mit dem intelligenten Leben am Ende aller Zeiten, in der unvorstellbar weit entfernten Epoche kurz vor der Endsingularität. Sind die intelligenten Wesen dann ausgestorben und ist die Evolution des Lebens zum Stillstand gekommen? Oder haben sie sich soweit entwickelt, Göttern gleich, dass sie das Ende des einen Universums überdauern und in ein Neues einziehen können?

Da die Physiker nicht sinnvoll mit unendlichen Dichten und Kräften umgehen können, haben sie schnell das Interesse an einem weiteren Ausbau der Theorie vom oszillierenden Universum verloren. Es ließ sich kein Gesetz ausmachen, das beschreibt, was an den kritischen und singulären Übergangspunkten überhaupt passieren kann. Daher sind alle Überlegungen, die auf einen Bereich jenseits der Singularitäten abzielen, ohne konkretes physikalisches Fundament.

Neuere Überlegungen zeigen, wie man die ungesetzlichen Zustände des Big Bang umgehen kann. Der berühmte Astrophysiker Stephan Hawking hat in seinem für den Nichtfachmann geschriebenen Buch "*Eine kurze Geschichte der Zeit*" dargestellt, wie man den Skandal einer nicht definierbaren Ecke des Universums vermeiden kann. Er versucht zu beweisen, dass die Singularitäten des Anfanges und des Endes nur scheinbar sind und dass sie nicht notwendig aus Zeit und Raum herausfallen. Hawking stellt sich das Raumzeit-Universum im Bild wie die Oberfläche einer Kugel vor. Ein winziger Kreis nahe des Nordpols der Kugel stellt den Zustand des Universums kurz nach dem Big Bang in Raum und Zeit dar. Innerhalb dieses winzigen Kreises liegt als mathematischer Punkt der Moment der Schöpfung. Ein Kreis etwas weiter weg vom Nordpol gezogen, ähnlich den Breitenkreisen der Erde, entspricht dann einem Zustand des Universums, der zeitlich weiter weg vom Ursprung liegt. Die Entwicklung des Universums geht immer weiter, bis es seine größte Ausdehnung in der Entsprechung des Äquatorkreises erreicht. Dann zieht sich das Universum zusammen bis auf den Punkt des Südpols der Kugel.

Nach Hawkings muss man sich vorstellen, dass Nord- und Südpol ein und derselbe geometrische Punkt sind. D.h. das Universum dehnt sich aus bis es einen maximalen Umfang hat, um sich dann wieder auf denselben Punkt zusammenzuziehen. Das Universum hat Anfang und Ende, aber sie sind identisch. Ähnlich wie auf der Kugeloberfläche gibt es keine Ecken, keine Kanten oder Löcher. Der Nordpol, identisch mit dem Südpol ist ebenso ein Punkt auf der Oberfläche, wie alle anderen auch. Die Kugeloberfläche ist glatt, von endlichem Volumen und doch ohne Grenzen. Der berühmte und unvorstellbare Big Bang ist nur eine Marke auf der hawkingschen Oberfläche. Raum und Zeit sind ohne Begrenzungen. Sie umschließen ein endliches Universum, das in rhythmischer Expansion und Kontraktion atmet und doch unendlich ist.

Es können sich verwirrende Paradoxa bilden, wenn man von endlichen Unendlichkeiten spricht. Das hat schon im Altertum der Grieche Zeno erkannt. Er hat scharfsinnige Überlegungen zu dem Problem des Zusammenhanges von mathematischer und physikalischer Zeit angestellt. Seine Paradoxien von den Bewegungen der Körper in Raum und Zeit haben bis in unsere Zeit die Diskussionen über die Unendlichkeit befruchtet. An den

Grenzen unserer heutigen Weltmodelle tauchen immer wieder die unvorstellbaren Unendlichkeiten auf. Weit entfernt vom Alltagsverstand des mathematischen Laien vollzieht sich in Fachjournalen eine tiefsinnige, aufregende und manchmal phantastische Diskussion. In der genauen Analyse von endlichen und renormierten Unendlichkeiten, von nackten Singularitäten, und unendlich-dimensionalen Hilberträumen greifen die Naturwissenschaftler das hartnäckige Zeitproblem an. An den äußersten Grenzen ihrer verwendeten Logik soll sich möglicherweise das Paradox des Anfanges einer Zeit in der Zeitlosigkeit auflösen.

Die Theologen haben mit weniger scharfen Begriffsbildungen ähnliche Aussagen verfügbar. Die Ewigkeit ist auch Unendlichkeit, weil sie alle Grenzen des endlichen Verstandes übersteigt. Aber sie ist im theologischen Sinne noch mehr. Jenseits unserer irdischen Welt existiert der biblischen Offenbarung zufolge eine überzeitliche und unendliche Wirklichkeit, in die das gesamte geschaffene Universum zurückkehren kann. In ihr existieren viele Zeiten und Welten.

Die Ewigkeit ist in der Formulierung eines bedeutenden Theologen die Vollzahl aller Zeiten. Das ist die göttliche Sphäre, das ewige Reich der Vollendung. In der Ewigkeitssphäre ist die irdische Welt nicht etwa vernichtet oder ausgeschlossen, sondern dort sind alle Fragmentierungen aufgehoben. Sie kehrt zurück zu einer unfassbare Ganzheit aus der sie, folgt man der Bibel, durch einen unbegreiflichen Fall heraus geschleudert wurde. In diesem Bereich des Seins haben unsere gewohnten, zeitlichen Begriffe keine Gültigkeit mehr. Zeitattribute lassen sich nicht mit der höchsten aller denkbaren Ursachen verknüpfen. Alle mit der Bibel verbundenen Religionsgemeinschaften haben in ihr Verständnis vom Glauben die fundamentale Einsicht aufgenommen: Der Eine war, ist und wird sein, der ewige Schöpfer der Erde und des Himmels. In der Bibel wird der Schöpfer zitiert, der von sich sagt:

"Ich bin, der ich bin."

Im klassischen Verständnis der Philosophen ist die Ursache von Raum und Zeit transzendent. Das Raumzeituniversum hat seine Begründung in einer rational nicht fassbaren Sphäre. Hier drängt sich das platonische Bild des materiellen Kosmos als flüchtiges Abbild der Ewigkeit auf. Ein einzelnes Universum ist nur eine schwache Bewegung in einer immensen

Unendlichkeit. Schon das Herausfallen eines einzigen Universums aus dem kosmischen Ozean, ein winziger Wimpernschlag in der Ewigkeit, übersteigt die Fassungskraft menschlicher Imagination. Milliarden Jahre nach dem Uranfang eines bestimmten Universums entstehen intelligente Lebewesen auf einem blauen Planeten und stellen die Fragen "Woher? ", Wo?" und "Wann ?". Nach und nach erkennen die Menschen, dass sie in den Kategorien der Dimensionen von Raum und Zeit gefangen sind. Dabei stellen sie sich, ebenso wie die großen Religionsstifter, die entscheidende Frage, ob Intelligenz und Wille des Menschen ausreichen, die Raumzeitbarrieren durchlässig zu machen. Wenn Hilfen für die Überwindung dieser Welt nötig sind, dann müssen sie aus der Transzendenz, aus jenseitigen Sphären kommen, in welcher Form auch immer.

KAPITEL 12

RISSE IM KAUSALEN WELTGEFÜGE

Unser lineares Zeitbewusstsein ist eng mit der Idee der Kausalität verknüpft. Das Kausalprinzip ist eine sehr wichtige Voraussetzung der exakten Naturwissenschaften. Vereinfacht ausgedrückt bedeutet Kausalität das Verhältnis in dem Ursache und Wirkung zueinander stehen. Aus gleichen Ursachen folgen stets gleiche Wirkungen. Das Kausalprinzip und die Zeitrichtung bedingen sich gegenseitig. Die Wirkung folgt der Ursache, soweit die Naturwissenschaftler bisher feststellen konnten, zeitlich immer nach, sie liegt später.

Als Begründung für das Kausalprinzip kann man die Einsinnigkeit des Zeitverlaufes heranziehen. Umgekehrt könnte man auch versuchen, die Zeitrichtung durch das Kausalprinzip zu erklären. Um einen Zirkelschluss zu vermeiden, muss man entweder die Zeitfolge oder das Kausalgesetz unabhängig begründen. Demnach lässt sich eine kausale Theorie der Zeit in mehreren Varianten entwickeln.

(1)   Die Zeitrichtung ist durch die Kausalitätsbeziehung bestimmt
(2)   Ereignisse, die in einer zeitlichen Reihenfolge stehen, können durch Angabe der Kausalbeziehungen gleichwertig beschrieben werden.
(3)   Die Kausalität wird grundsätzlich durch die Zeitfolge bestimmt.

Die Naturwissenschaftler versuchen in ihrer Methode Ereignisse ursächlich auf zeitlich frühere zurückzuführen. Der experimentell gefundene und weiterhin bestätigte kausale Zusammenhang wird in Form von Gesetzen ausgedrückt. Umgekehrt werden mit Hilfe des Gesetzes aus vorhandenen Daten in der Gegenwart zukünftige Ereignisse vorausberechnet. Bestimmte Ereignisse in Raum und Zeit sind durch Kausalketten miteinander verknüpft. Jedes Ereignis ist Teil irgendeiner oder mehrerer Kausalketten. Die Vorhersage eines künftigen Ereignisses ist nichts ungewöhnliches, da man sich auf die Naturgesetze verlassen kann.

Die gesamte moderne Technik und Wissenschaft beruht auf der Korrektheit genauer Voraussagen. Wir glauben, dass sich, wenn wir bestimmte Ursachen kennen, bestimmte Folgeereignisse auch einstellen müssen. Das kausale Universum fand in den Beschreibungen der klassischen Physik seinen deutlichsten Ausdruck. Nach der Theorie der Mechanik war es im Prinzip möglich, die Bewegungen von Körpern genau zu berechnen, wenn nur die Anfangsbedingungen der entsprechenden Masseteilchen des untersuchten Systems bekannt waren. Die Zukunft des Systems war durch die Bewegungsgleichungen determiniert. In der klassischen Physik konnten alle früheren Ereignisse, an jedem Ort, grundsätzlich alle zukünftigen Ereignisse beeinflussen. Zu dieser Erkenntnis war die Annahme einer unendlich schnellen Ausbreitungsgeschwindigkeit der Wirkungen notwendig.

So betrachtete man die Wirkung der Gravitationskraft als momentan, d.h. sie wurde unendlich schnell übertragen. Der Nachweis der modernen Physik, dass sich keine Wirkung bzw. kein Signal schneller als das Licht ausbreitet, hob das Kausalgesetz keineswegs auf. Die Relativitätstheorie forderte nur die Einschränkung, dass zwei kausal zusammenhängende Ereignisse im Prinzip durch Lichtsignale verknüpfbar sein müssen. Liegen die Ereignisse raumzeitlich für den Austausch von Lichtsignalen zu weit auseinander, so sind sie füreinander bedeutungslos.

In den Weiterentwicklungen zur modernen Physik wurden fast alle Grundbegriffe der newtonschen Mechanik überdacht und im Rahmen einer erweiterten Theorie umgedeutet. Das Prinzip der Kausalität aber wurde in all den revolutionären Umwälzungen des physikalischen Begriffgebäudes nur wenig berührt. Leise Zweifel deuteten sich in der Quantenphysik an. Bei der Untersuchung des atomaren Geschehens wurde die Unmöglichkeit einer exakten Voraussage festgestellt. Hier hat diese Unmöglichkeit nichts zu Tun mit mangelnder Kenntnis der genauen Größen des Systems, sondern sie ist absolut fundamental und in den zugrunde liegenden Gesetzen verankert. Daraus die Ungültigkeit des Kausalgesetzes im Makrokosmos, also der Welt unserer alltäglichen Dimensionen, zu folgern, wollte den Physikern nicht gelingen. Die Vorstellung, dass an bestimmten Stellen der Raumzeit kausale Prozesse plötzlich und in Bezug auf die Vergangenheit ursachenlos beginnen und ebenso abrupt wieder abbrechen, ist dem Alltagsbewusstsein fremd. Die Kette der Ereignisse, die durch

Ursache und Wirkungen verknüpft sind, darf niemals abreißen. Sie verliert sich in einer unendlich weiten Vergangenheit und läuft in eine entfernte Zukunft. Ein Ereignis unserer Zukunft ist immer mit irgendeinem ursächlichen Ereignis der Gegenwart verbunden. Gelingt uns die Vorhersage nicht, so ist nur der Mangel an hinreichender Information in der Gegenwart dafür verantwortlich. Im Nachhinein gelingt die notwendige und logische Verknüpfung meist ohne Probleme.

Jedes Ding hat seine Ursache (in der Vergangenheit). Dies ist ein weit verbreiteter Allgemeinplatz und lange Zeit hatte die Naturwissenschaft keinen Grund daran zu zweifeln. Wird das Kausalgesetz in seiner jetzigen, engen Fassung für die zukünftige Forschung noch Bestand haben? Heute sind noch lange nicht alle Konsequenzen der aktuellen und zum Teil unterschiedlichen Theorieansätze ausgearbeitet. Man konzentriert sich dabei oft nur auf die Teile, deren experimenteller Nachweis geführt werden kann. In einem Bild ausgedrückt sind die Experimente wie ein Netz, das durch die Wirklichkeit gezogen wird, um die Fische zu fangen, die unsere Theorie vorausgesagt hat.

Viele moderne Wissenschaftler zeigen dabei eine nicht ganz vorurteilslose Einstellung: Sie folgern unzulässig: Was mein Netz nicht fängt, das ist kein Fisch. Dabei erlaubt die Natur sicher Fische, die kleiner als die Maschen des wissenschaftlichen Netzes aus Beobachtung und Experiment sind. In der Methode der Naturwissenschaften ist die Bekämpfung des Vorurteils fest verankert. Der nur durch Experimente widerlegbare, kritische und unvoreingenommene Wissenschaftler hat den Auftrag unaufhörlich die unerkannten Annahmen seiner Denkweisen zu hinterfragen. Kein noch so einleuchtender Grundsatz darf bestimmte scharfsinnige Fragen ausschließen. Kann ein Signal, dessen Ursprung in der Zukunft liegt, Kausalketten in der Gegenwart auslösen? Gibt es Wirkungen in Prozessen der Natur, ohne dass sich davon Spuren in der Vergangenheit finden?

Signale, die in das Wirkungsgefüge von Zukunft und Vergangenheit eingreifen und dabei die Kette der Folgeereignisse kurz schließen, bringen den Wissenschaftler in größte Schwierigkeiten. Die Existenz von sogenannten Kausalitäts-verletzungen zerstört die Vorhersagbarkeit von Wirkungen aus bekannten Ursachen. Wenn kein Ereignis im Prinzip eindeutig vorhersagbar ist, ist damit die Grundlage von Wissenschaft für immer zerstört? Vielleicht ist diese Frage falsch gestellt. Man kann zwar ein Fundament zerstören, es bleibt aber immer die Möglichkeit ein Neues zu bauen. Wo liegen die physikalischen Grenzgebiete, die eine schärfere, möglicherweise völlig neuartige Begriffsbildung im Zusammenhang mit Kausalität, Ursache und Wirkung erzwingen?

Genaueste logische Analysen führender Physiker rütteln an den Mauern der gegenwärtigen Theorien. Mit Phantasie und größtem Scharfsinn erproben sie, welche noch so seltsamen Weltmodelle mit den Messungen ihrer raffinierten Instrumente verträglich sind. Die altgewohnten Grenzen der Begriffe von Raum, Zeit und Kausalität scheinen sich dabei aufzulösen. Neue Bedeutungen und Begriffe tauchen auf. Viele – Welten -Theorien, die unser Universum in einen Superkosmos von unendlich vielen parallelen Universen einbetten. Einstein-Rosen-Brücken, die über verdrehte Raumzeitröhren getrennte und unfassbar fremde Universen verbinden. Schwarze Löcher, weiße Löcher und Wurmlöchern, die glatte Raumzeiten der klassischen Physik aufbrechen und aushöhlen. Diese von der Theorie erlaubten Gebilde verformen den Raum und verbiegen die Zeit, sie vertauschen Raum und Zeit und verbinden unser endliches Universum mit Unendlichkeiten. Die mathematischen Hintergründe von Wurmlöchern, nackten Singularitäten, Ereignishorizonten, Quantenschaum und Superstrings entziehen sich dem Verständnis des interessierten Laien. Es sind Begriffsbildungen, die von äußerst komplizierten mathematischen Gleichungen begleitet werden. Es gibt nur wenige Theoretiker, die mit diesen Gebilden in ihrer reinen abstrakten und mathematischen Form umgehen können. Diese versichern uns aber, dass Raum und Zeit, Ursache und Wirkung völlig anders sind, als wir es uns vorstellen können. Möglicherweise ist aus den Gleichungen ableitbar, dass die Wirkung der Ursache zeitlich vorangehen kann.

Mathematik und Geometrie besitzen in einem gewissen Sinne zeitfreie Eigenschaften, d.h. ihre Wahrheiten sind gültig, unabhängig von Zeitaspekten wie Vergangenheit, Gegenwart und Zukunft. Mathematische Objekte und Relationen sind innerhalb des verwendeten logischen Systems auf ewig gültig. Und sie haben den Charakter von Ideen, von reinen Gedanken. In der Mathematisierung und der Geometrisierung der Welt werden unveränderliche Wahrheiten mit der scheinbar so flüchtigen Welt verbunden. Es ist daher nicht verwunderlich, dass den Physikern bei der mathematischen Beschreibung der Raumzeit die Unterschiede zwischen Vergangenheit, Gegenwart und Zukunft irgendwie verloren gehen. Manchmal wundern sie sich über die erstaunliche und unerklärliche Effektivität der mathematischen Gleichungen. Viele ihrer verwendeten Grundgesetze sind symmetrisch in Bezug auf den Parameter Zeit, machen also keinen grundsätzlichen Unterschied zwischen Vergangenheit und Zukunft. Ein Ereignis mit drei Raum- und einer Zeitkoordinate ist einfach, unabhängig davon, ob es im Jahr 3000 vor oder im Jahr 3000 nach Christus stattfindet.

Wie wir heute wissen, hat die moderne Quantenphysik Zeit und Kausalität in fundamentaler Weise in Frage gestellt. Dort im Bereich der Mikroobjekte, wurden nachweisbar akausale Beziehungen entdeckt, die Zeit transzendieren und damit das Ordnungsschema von Ursache und Wirkung aufheben. Natürlich mögen Physiker diese unerwünschten Folgerungen nicht, aber die Fakten kann man nicht wegdiskutieren.

Bei der Untersuchung von atomaren Elementarereignissen zeigt sich eine seltsame Unschärfe in der Zeit. Vorher und Nachher lassen sich in der Raumzeitumgebung von Elementarereignissen nicht mehr trennen. Auch kann man Verknüpfungen und Korrelationen zwischen zwei entfernten atomaren Ereignissen entdecken, die nicht über ein Signal vermittelt wurden. Es ist sogar möglich, dass wir den Vorgang der Aussendung eines räumlich und zeitlich entfernten Photons in einer fremden Galaxis aus unserer Gegenwart heraus beeinflussen können. Die Aussendung des Photons liegt viele Millionen Jahre zurück, aber erst durch eine gegenwärtige Quantenentscheidung wird der Vorgang der Aussendung in die tatsächliche Existenz gerufen. Der Astrophysiker John Archibald Wheeler hält diese Interpretation von Quantenereignissen für methodisch einwandfrei.

Aktionen, die in der Gegenwart vollzogen werden und den Lauf von Ereignissen beeinflussen, die sich schon ereignet haben, sind in Quantenphysik zulässig. Vom 20. bis 22. Juni 2006 fand in San Diego (USA) eine Konferenz statt, auf der kompetente Physiker über solche Formen von Retrokausalität diskutierten, d.h. über mögliche physikalische Wirkungen aus der Gegenwart in die Vergangenheit. Die Beiträge dieser Fachkonferenz waren eine nachhaltige Herausforderung, die gewohnten Ansichten über die

Richtung der Zeit neu zu überdenken. Der Physiker und Konferenzorganisator D. P. Sheehan erklärt in seinem Vorwort zu den Konferenzberichten:

„Experimentelle Bestätigung von Retrokausalität ist in der wissenschaftlichen Literatur seit Jahrzehnten und in menschlicher Erfahrung schon seit Jahrtausenden vorhanden. Theoretische Unterstützung findet sich in den fundamentalen Gleichungen der Physik seit mehr als drei Jahrhunderten. In einem gewissen Sinne hat diese Konferenz (FTR2006) keinen neuen Grund betreten, sie hat nur gewürdigt und anerkannt was vor uns ist, immer."

Vorwort, Frontiers of Time, Retrocausality – Experiment and Theory, AIP Conference Proceedings 863, (Übersetzung des Autors)

Wenn aber das, was in der Gegenwart passiert, die Vergangenheit konstruiert, welchen Sinn sollen die Physikern den drei Zeitaspekten noch zuschreiben? Die Welt ist einfach, sie ist frei von Zeitaspekten, die nur in einer beschränkten menschlichen Perspektive existieren.

In den aktuellen Theorien über die großen Objekte des Raumzeituniversums ist die lineare Zeit ebenfalls unwiderruflich zerbrochen. Das große Weltall erinnert eher an einen ewigen Kessel mit siedender Flüssigkeit, in dem ganze Zeitdimensionen zerkochen. Im Blasenuniversum entstehen die extragalaktischen Objekte, expandieren, verbiegen die Zeit und verschwinden in den Rissen und Falten aufgebrochener Raumzeiten. Hoch-energetische, extrem dünne Strings vibrieren durch kosmische Weiten und zerreißen den Raum. Mit immer neuen mathematischen Konzepten wird der einfach zusammenhängende Behälter des euklidischen Raumes als Modell der Wirklichkeit im Mikrokosmos eliminiert. Irgendwie hat die Allgemeine Relativitätstheorie nicht verhindern können, dass der vormals stetige und überall dichte Raum Ecken, Kanten und Löcher bekommt. An merkwürdigen Horizonten verschwindet Materie in unendlichen entfernten Zeiten. Modernste Forschungen entwerfen mathematische Modelle, in denen Babyuniversen, Vakuums-fluktuationen und Quantenschaum jede Raumzeit unseres Universums löchrig machen. In bestimmten materiellen Konfigurationen können sich Raumkrümmungen bilden, die auf singuläre, von der Theorie nicht mehr kontrollierbare Endzustände hin laufen.

114

All diese neuen und phantastischen Resultate deuten darauf hin, dass auch die Zeit Löcher und Brüche hat. Damit ist auch die Allgemeingültigkeit der Kausalrelation, ein Grundpfeiler moderner Naturerkenntnis, grundsätzlich in Frage gestellt. Mit dem Fall des Kausalprinzips ist dem Paradoxen, dem Unberechenbaren der Eintritt in ein scheinbar endliches, kausal vorhersagbares und logisch eindeutiges Universum gesichert. Die Ungültigkeit des Kausalprinzips zerstört das hochgesteckte Programm einer formalen und vollständigen Beschreibung unseres Universums. In Anlehnung an den gödelschen Beweis über die Nicht-Formalisierbarkeit des mathematischen Wissens kann man sagen, dass unser Kosmos einen Gödelhorizont besitzt. D.h. ein Beobachter, der sich innerhalb des Universums befindet, kann mit den formalen Mitteln seines Modells nicht alle Wahrheiten seines Universums erfassen. Oder anders ausgedrückt, jedes formale Modell, das die physikalische Wirklichkeit beschreibt, ist logisch verträglich mit dem faktischen Auftreten nicht-kausaler Impulse. Die Gödelgrenzlinie kann man im Prinzip nur dann überschreiten, wenn man sich in eine Position außerhalb des Universums begibt. Nur aus der Position eines Metabeobachters, der das Universum von außen betrachtet, ist eine vollständige Beschreibung desselben möglich.

Die äußersten Grenzen unseres Universums liegen, wie die Relativitätstheorie und die seltsamen Ergebnisse der Quantenmechanik andeuten, gerade bei den extremen Zuständen von Energie und Masse. Dort, wo Masse, Zeit und Raum auf unendliche Werte hinlaufen, finden sich die Kontaktstellen mit einem potentiellen, multidimensionalen Metakosmos. Vieles deutet darauf hin, dass die Dynamik des uns zugänglichen Universums wesentlich von den Einflüssen verborgener Dimensionen abhängig ist. Schon längst vermutet man, dass in der Struktur des Vakuums unerschöpfliche Energiequellen vorhanden sind, die ganze Universen in die Existenz bringen können.

Die Annahme zusätzlicher Dimensionen macht unser vierdimensionales Universum als Ganzes zu einem offenen System, das Energieeinflüssen von außerhalb ausgesetzt ist. Ob in den modernen physikalischen Theorien die indirekt erschlossenen und zusätzlich geforderten Dimensionen nur die Qualität von mathematischen Tricks besitzen oder auf die reale Existenz eines Superuniversums verweisen, darüber teilen sich die aktuellen

Lehrmeinungen noch. Dies spiegelt sich in den Diskussionen und den vielfältigen Theorieversuchen der führenden Physiker wieder. Da werden elf-dimensionale Universen eingeführt, verborgene Parameter angenommen, implizite Ordnungen vermutet und Supersymmetrien gebrochen. Ganze Universen multiplizieren sich zu Superuniversen - und Babyuniversen sprudeln aus dynamischen Raumzeiten wie Dampfblasen aus einem Wasserkessel. Parallele Quantenuniversen verzweigen sich ständig und vermehren ihre Zahl ins Unermessliche. Sogar das Chaos ist deterministisch.

Zeigen nun die mit der Front der Forschung verbundenen Fragestellungen und phantastischen Begriffsbildungen den Weg in ein neues Weltbild? Wird diese Supertheorie, die Theorie des Alles, unsere Grundanschauungen über Raum, Zeit und Kausalität nach Einstein noch einmal revolutionieren? Oder genügen die bereits bekannten Prinzipien, um auch völlig neuartige Beobachtungen und überraschende experimentelle Ergebnisse zu erklären? Ist es vielleicht doch möglich, dass die neu gefundenen Resultate, die das Kausalitätsgesetz in Frage stellen, so uminterpretiert werden können, dass sie keine Probleme mehr schaffen? Theoretische Folgerungen, die das Kausalgesetz angreifen, könnten unter Umständen als überflüssige Spekulationen abgetan werden, da sie sich als unzulässige Verallgemeinerungen der zugrunde liegenden Gleichungen herausstellen. Doch die verwirrende Faktenlage deutet eher auf eine Revolution gewohnter Denkmuster und eine notwendige Abschwächung der universellen Gültigkeit des Kausalprinzips.

Was erwartet uns nach Newton, Einstein und Hawkings? Haben wir noch nicht an den richtigen Stellen die richtigen Experimente angestellt? Vielleicht haben wir die gesuchten Resultate schon, die eine neue bahnbrechende Theorie rechtfertigen, nur wurden sie in der ungeheuren Menge bisher bekannter physikalischer Fakten noch nicht korrekt interpretiert und verbunden. Obwohl diese Fragen zurzeit noch offen sind, wissen wir aus Erfahrung, dass mit alten Weltbildern auch die alten Begriffe zerfallen. Wird das Weltbild der kommenden Zeit unsere Begriffe von Ursache, Wirkung und Kausalität überhaupt noch als fundamental und unverzichtbar akzeptieren können?

KAPITEL 13

SINGULARITÄTEN UND JENSEITIGE RÄUME

In ihren religiösen Ideen entwickeln die Menschen eine Vorstellung von einem verborgenen Sinn des Universums, der möglicherweise jenseits der Barrieren von Raum und Zeit zu finden ist. Sie vermuten diesen Sinn in der Existenz eines übergeordneten, schöpferischen und intelligenten Prinzips. Die großen Religionen bezeichnen dieses Prinzip als Gott. Doch darüber schweigt die Naturwissenschaft beharrlich. Aus der naturwissenschaftlichen Methode folgt präzise, dass viele Indizien, die für die Existenz des Weltenschöpfers sprechen, noch kein Beweis sind. Die Fragen über Gott und die Fundamente des Universums begleiten den Menschen seit er denken kann. Dabei stellt sich heraus, dass die existenziellen Fragen von heute sich kaum von denen unterscheiden, die vor Tausenden von Jahren gestellt wurden. Keine Wissenschaft hat den Menschen davon abbringen können, weiterhin Antworten auch dort zu suchen, wo sich die Wissenschaft ausgeblendet hat.

Es heißt, dass die Meditativen auf ihrer Suche nach dem Grund der Welt, sich in das universelle Nichts versenken. Die Leere, die alles enthält, ist eine den Mystikern aller Zeiten vertraute Vorstellung. Der Mystiker versucht die Schau nach Innen, um den Sinn und das Werden aller Existenz zu ergründen. Kann die Vertiefung in den äußersten Grund unseres Bewusstseins wahre Erkenntnisse über die Welt außen, den Kosmos, liefern? Bei ihren Kontemplationen über den Urgrund allen Seins versuchen sie die Erscheinungen der Raum-Zeit-Welt zu transzendieren, indem sie ihre normalen Sinne kurz schließen. Sie glauben, dass die Welt des Geistes und die Welt der Materie ein und dieselbe transzendente Quelle haben. In ihren meditativen Praktiken schnüren sie ihren Geist von der äußeren Welt ab, es ist, als ob sie in einer Singularität der Sinne verschwinden. Wenn sie die inneren Räume durchschreiten beobachten sie eine Auflösung der gewohnten Zeitvorstellungen. Ihre subjektive Zeit wird singulär und zerbricht den normalen Raum der Psyche. In der tiefen Meditation öffnet sich der Durchgang in neue Räume und Welten des Bewusstseins. Die Mystiker aller geschichtlichen Epochen und Kulturen behaupten, dass es jenseits von Raum und Zeit, in der absoluten Leere, Bereiche von unvorstellbarer Lebendigkeit gibt.

Diese überlieferten Formen von subjektiven Erfahrungen werden von den modernen Wissenschaftlern in der Regel geleugnet oder als methodisch nicht greifbar abgetan. Trotzdem gibt es berühmte Ausnahmen. In ihrer gemeinsamen Arbeit haben der Psychologe C.G. Jung und der Physiker Wolfgang Pauli angedeutet, dass innere Bewusstseinsräume und äußere Raumzeiten einen gemeinsamen Ursprung haben könnten. Die Psyche ist die komplementäre Ergänzung der Materie und umgekehrt. Die akausale, aber sinnvolle Verbundenheit von psychischen Erlebnissen und äußeren Ereignissen kann an vielen Fallbeispielen der psychologischen Praxis bestätigt werden. Ist es vielleicht denkbar, dass die Singularitäten der inneren Bewusstseinsräume auf dieselben Trans-Dimensionen treffen wie die Singularitäten der relativistischen Raumzeiten?

Wir haben psychologische Hinweise, dass der Mensch, jeder Mensch, über den Weg nach Innen zu den Fundamenten der Welt außen gelangen kann. Für den Menschen ist es nachweislich möglich, die lineare Zeit und die dreidimensionale Enge der äußeren Welt durch die Innenschau und Meditation zu transzendieren. Im meditierenden Bewusstsein sind die Zeitaspekte Vergangenheit, Gegenwart und Zukunft in einem Moment mit kosmischen Visionen verbunden. Hildegard von Bingen, Meister Eckhard, Jakob Böhme und auch moderne Erforscher der Innenräume geben in ihren Aufzeichnungen lebendiges Zeugnis von der Möglichkeit unser Bewusstsein in andere Dimensionen zu transformieren, wenn auch nur zeitweilig.

Doch auch dem normalen Alltagsbewusstsein sind andere Räume und Zeiten zugänglich. Mit unserem Ich schwingt die Stimmung all unserer vergangenen Erlebnisse mit, wir wissen jeder Zeit und unmittelbar, wer wir sind, was wir waren und welche vergangenen Erfahrungen uns jetzt bestimmen. Dabei integrieren wir dauernd, wenn auch diffuser und nicht konkret genug, zukünftige Erfahrungen. Deren Einfluss auf die Gegenwart wird durch unsere Hoffnungen, Pläne, Wünsche und Erwartungen erfahrbar. Unser subjektives Zeitempfinden ist in der Lage, sich von den Beschränkungen der linearen Zeit zu lösen. Kreativität, Phantasie, Selbstvergessenheit, Träume und Erinnerungen übersteigen oft die kausale und lineare Folge der Ereignisse. Insbesondere können wir durch Meditationen die Eindrücke der Sinnenwelt kurz schließen und in Tiefenerfahrungen einsinken, die uns Erfahrungen gewähren, in denen Raum und Zeit aufgelöst scheinen. In den extremen Zuständen unserer Psyche finden sich, wie in der Physik der Quanten und Relativität, bizarre Räume und Zeiten. Wo aber befinden sich die seltsamen Räume, in denen unsere geistige Essenz zu Hause ist? Und hat dieses höhere Selbst Zugriff auf andere Zeiten?

In besonderen Zuständen der Psyche manifestieren sich oft Phänomene wie Hellsehen, Telepathie und Präkognition, die einen direkten Bezug zu anderen Räumen und Zeiten haben. Unsere alten Sagen und überlieferten Märchen berichten nicht selten von zeitlichen Singularitäten in der normalen Welt, die durch Zauberkraft und Verwünschungen bewirkt wurden. Die menschliche Fähigkeit den normalen Lauf der Zeit zu überwinden und damit zur Transzendenz der irdischen Welt wurde immer wieder behauptet und in anregenden und bildhaften Erzählungen wiedergegeben. Die Existenz jenseitiger Reiche, die irgendwie parallel zu unserer 3-D-Welt liegen, galt in der vorwissenschaftlichen Zeit als unbestritten. Dort sollten merkwürdige Wesen leben, die in der Lage waren, das irdische Zeitmaß zu manipulieren. Den extradimensionalen Wesen stand es auch frei, sich selbst in unserer normalen Welt und Zeit nach Belieben zu manifestieren. Manchmal, in ungewöhnlichen Situationen, berührten sich die Zeiten der beiden Welten und für einen kurzen Augenblick wird dem Menschen die Gnade zuteil, einen Blick auf die andere Seite zu werfen und die Zeit gerät aus den Fugen.

Es gibt wundersame Berichte von Begegnungen der Menschen mit Feen und Hexen, Riesen und Zwergen, Elfen und Trollen, Engeln und Dämonen. Viele alte Geschichten ranken sich um harmlose Wanderer, die sich in einem Hexenkreis des Waldes oder in einer wundersamen Höhle verlieren, verlockt durch eine überirdische Musik. Dort in der Parallelwelt erleben sie wenige Stunden eines seltsamen Rausches im Tanz mit Elfen und Naturgeistern. Gelingt ihnen schließlich die Rückkehr, so stellen sie fest, dass in der realen Welt Monate vergangen sind. So oder in ähnlicher Form finden sich im alten Sagenschatz fast aller Völker und Kulturen merkwürdige Einsichten in die Existenz jenseitiger Zeiten und Räume. Als effektive "Zeitmaschinen" funktionieren im Märchen zauberkräftige Gegenstände wie Ringe, Amulette und Stäbe; das Drehen eines Zauberrings transportiert fast alle Märchenprinzen durch Raum und Zeit.

Wer kennt nicht das Märchen, in dem eine gute Fee drei Wünsche gewährt. Es gibt viele Varianten dieses Märchens, doch die Geschichte endet immer gleich. Der Held muss den dritten Wunsch verwenden, um die unliebsamen Folgen der ersten beiden Wünsche in der Zeit ungeschehen zu machen. Er kehrt so in die eigene Vergangenheit zurück, um der alternativen Zukunft zu entgehen, die ihm drei Wünsche bringen sollte

Der riesige Schatz an überlieferten Mythen, Vorstellungen, und Geschichten über imaginäre und jenseitige Welten aus allen Kulturkreisen verleitet zu der Vermutung, dass parallel zu unserer Welt andere Dimensionsbereiche existieren, die irgendwie mit unserer 3-D-Welt verknüpft sind und aus denen Wirkungen in unsere Welt hinübergehen können. Die Beschreibungen und Berichte über dies jenseitigen Welten sind mehr oder weniger gut dokumentiert: der göttliche Olymp, das nordische Walhalla, die eleusischen Felder, das biblische Paradies, die Gärten der Hesperiden, der Hades, das Bardo der Tibeter, die ewigen Jagdgründe, das ferne Land Shambala, der Berg Meru und die glückselige Insel Avalon. Unzählige und wundersame Legenden ranken sich um diese Jenseitsreiche und deren Bewohner: Götter, Engel und Dämonen. Und immer wieder wird hervorgehoben, dass die Zeit dort eine andere Qualität besitzt. Leider sind diese interessanten Beschreibungen und exotischen Modelle extra-dimensionaler und überzeitlicher Welten nicht Gegenstand der modernen Naturforschung. Die moderne Wissenschaft neigt zu der Ansicht, dass es zurzeit keine brauchbaren Hinweise auf die Existenz jenseitiger Dimensionen und Wesen gibt. Diesen uralten Erzählungen und überlieferten visionären Erlebnisse sind in unserer modernen und aufgeklärten Zeit Gegenstand kulturhistorischer, philologischer und literaturwissenschaftlicher Studien sein, aber sie werden selten als Beschreibungen von höheren Realitäten gewertet.

In jedem Fall liefern diese alten Quellen reichhaltiges und anregendes Material zum Thema der verdrehten Zeit oder der Überwindung zeitlicher Schranken. Im Märchen von Dornröschen hat ein böser Zauber die Zeit auf dem Schloss angehalten. Dornröschen und ihr ganzer Hofstaat sind in einem hundertjährigen Schlaf versunken, um schließlich von einem jungen Prinzen erlöst zu werden. In dem Moment, in dem sich der Fluch auflöst, erreicht den Küchenjungen noch die Ohrfeige, zu der ein Koch hundert Jahre zuvor ausgeholt hatte. Das Motiv vom langen Schlaf, der den Lauf der Zeit vergessen macht, findet sich noch in vielen anderen Märchen und Sagen. So auch in der Erzählung vom Mönch von Heisterbach. Dieser Mönch geht eines Tages in den blühenden Klostergarten, um in stiller Andacht zu beten. Dabei versinkt er in ein kurzes Schläfchen. Nachdem er erwacht, findet er das Kloster in Ruinen und die Umgebung des Klostergartens seltsam verändert. Nach und nach erkennt er, dass die Zeit, während er nur kurz eingenickt war, viele Jahrhunderte übersprungen hat. Seine Zeit ist nicht mehr und er befindet sich in einer anderen Zeit, die sehr viel später liegt. Er erfährt von den Menschen seiner neuen Gegenwart, dass die Mönche seines Klosters schon lange aus der Gegend weggezogen sind. Und er erinnert sich mit Schrecken an die Bibelworte, dass tausend Jahre für den Herrn nur ein Augenschlag seiner Wimpern bedeuten. Die Verdrängung der Zeit durch den Schlaf, den kleinen Bruder des Todes, spielt auch in der Sage vom Kaiser Barbarossa eine entscheidende Rolle. Es wird erzählt, dass der Kaiser Friedrich Barbarossa im Inneren des Kyffhäuserberges auf den Anbruch einer neuen Zeit wartet. Alle hundert Jahre erscheint vor ihm ein Zwerg, den er fragt, ob noch Raben um den Berg kreisen. Beantwortet der Zwerg die Frage positiv, so muss Barbarossa noch weitere hundert Jahre warten. Im Volksglauben ist mit seiner Wiederkehr ein Zeitalter in Frieden und Einigkeit verbunden. Die Sage drückt die Überzeugung der einfachen Leute aus, dass die zerstörerische Kraft ihrer eigenen Zeit die Hoffnung auf eine bessere Zukunft nicht besiegen kann; und eines Tages wird Kaiser Barbarossa wiederkehren und sie in eine bessere Welt führen. Die modernen Interpreten der Kyffhäusersage sehen in ihr ein Symbol, in dem die alte Kaiserherrlichkeit verklärt wird. Für unser aufgeklärtes Verständnis ist eine Wiederauferstehung des Kaisers nicht möglich. Zeitreisende Kaiser können nur Thema fiktiver Erzählungen sein. Für den unwahrscheinlichen und nur hypothetischen Fall, dass Kaiser Barbarossa heute ans Ende seiner Zeitreise gelangen würde, hätte er große Schwierigkeiten, seine mittelalterliche Psyche an die Kultur unserer modernen Zeit anzupassen.

Die alten Erzählungen berichten auch von außerkörperlichen, nur mentalen Kontakten mit den verschiedenen Zeiten. Für Götter und Menschen gleichermaßen gibt es Bewusstseinszustände, in denen sie Visionen zukünftiger und vergangener Welten erfahren können. Der Zugang zu allen Zeiten, sowohl zu den zukünftigen als auch den vergangenen Ereignissen, ist in den alten Mythologien nur einzelnen Göttern oder berufenen Menschen, den Sehern und Propheten, vorbehalten.

Bei den alten Germanen besaßen die drei Nornen den beherrschenden Zugriff auf die Zeit. Sie repräsentieren die personifizierten Mächte des zeitumgreifenden Schicksals. Am Fuße der Weltesche weben die drei Frauen die Lebensfäden der Menschen und Götter. *Urd*, *Werdandi* und *Skuld* kennen die Zukunft und die Vergangenheit, sie besitzen den geheimen Schlüssel zu allen Zeiten. Dort wo alle Lebensfäden und Schicksale zusammenlaufen, hat die Zeit ihre Macht verloren. Die Nornen sind nicht urzeitliche Mächte, die schon vor der Weltschöpfung existierten, sondern sie sind aus dem Göttergeschlecht hervorgekommen und begleiten die aktuelle Weltperiode, die schließlich in einer Art Götterdämmerung vergehen wird. Ihre Jugend verbrachten sie bei den Riesen, den Widersachern der Götter im kosmischen Endkampf, der Weltendämmerung. Sie sehen in ihren Visionen den Morgen einer neuen Welt heraufkommen. Der Lichtgott Baldur wird den Götterkampf durch Wiederauferstehung überleben und in einen neuen Anfang hinüberwechseln. Gegen den Schicksalsspruch der Nornen haben selbst die Götter keine Möglichkeit der Intervention. Wohl gibt es Möglichkeiten, die Geschichte der Zukunft oder der Vergangenheit in Ausnahmefällen zu erfahren, aber niemals eine echte Chance, die Lebensfäden zu verändern, um es anders zu machen, als die Nornen es gesehen haben.

Der Sachverhalt der Zeittransformation ist, wie wir wissen, nicht nur ein beliebtes Motiv aktueller Varianten der Allgemeinen Relativitätstheorie und moderner Physiker. Die Transformation von Zeit und Raum beschreibt der Literat und Visionär William Blake einfühlsam in seinem berühmten Vers:

"To see a World in a Grain of Sand And a Heaven in a Wild Flower, Hold Infinity in the Palm of Your Hand And Eternity in an Hour."

Die volle Zeitspanne der Dauer eines Universums in Stunden zu versammeln ist nicht nur ein möglicher Vorgang des physikalischen Universums. Poesie und Dichtkunst geben deutliche Hinweise, dass unser psychisches Universum von analoger Struktur ist. Die Welt des Geistes und der Phantasie hat zeitübergreifende Horizonte und seltsame Singularitäten, die unsere vertraute lineare Zeit transzendieren. Die lineare Zeit ist nur ein flüchtiges Abbild einer superrealen Welt und so ist es von Mystikern und Meditierende aller Zeiten immer wieder behauptet und beschrieben worden.

Es zeigen sich in direkter Analogie Ereignishorizonte des Bewusstseins, die psychische Räume von der materiellen Raumzeit abtrennen. Für das Ich, die Seele, das Selbst, wie immer man den Kern der Psyche nennt, sind die Grenzen von Raum und Zeit nur relativ. Seit Plato wird behauptet, dass die nicht-materiellen Bereiche, die sich unserem Bewusstsein eröffnen, keinen geringeren Existenzstatus als die realen Raumzeiten der Materie haben. Diese Behauptung, dass unser Bewusstsein über die materiellen Prozesse und chemischen Umsetzungen im Gehirn hinaus reicht, hat die moderne Naturwissenschaft lange nicht ernst genommen. Was aber wäre, wenn Plato Recht hat? Dann bliebe die ernste Frage, warum die Naturwissenschaft oder allgemein die wissenschaftliche Methode einen extrem wichtigen Bereich menschlicher Erfahrung ausgeblendet und unterschlagen hat. Die Indizien, dass Plato's Reich der Ideen wissenschaftlich nachweisbaren Charakter bekommt, sind gegenwärtig recht zahlreich. Schon spricht man von negentropischen Teilchen (CHARON), von Informonen (STONIER), von Ordonen (CHRISTENSEN) und von einer dritten Welt der Ideen (POPPER).

Die These, dass Denken, Ideen und Bewusstseinsinhalte in anderen Räumen als reale Objekte existieren, ist zur ernsthaften Prüfung freigegeben. Einige Wissenschaftler können die Existenz von komplementären Räumen voll von konzeptuellen Objekten nicht mehr ausschließen. In diesen Trans-Räumen finden sich Reiche der Phantasie, der Information, der Idee und Gedanken. Diese Räume sind allerdings unter den Mikroskopen, Atombeschleunigern und Messapparaturen der harten Natur-wissenschaftler nicht greif- oder sichtbar, ebenso wie ein Elektron im klassischen Sinne nicht greifbar ist. Hier haben sich die Naturwissenschaftler unzulässig abgeblendet, indem sie die psychische Komponente ihren Methoden nicht zugänglich machten. Und wurden sie nicht durch ihre ultimativen Forschungsergebnisse der Relativitätstheorie und der Quanten-mechanik immer wieder auf diese Einschränkung nachhaltig aufmerksam gemacht? Gerade dort, in den Bereichen extremer Kleinheit und Größe finden sich merkwürdige Beobachtungen, in denen der subjektive Beobachter eine zentrale Rolle spielt. Die harte Welt der festen Materie löst sich im atomaren Bereich virtuell in Nichts auf. Was übrig bleiben muss, sind, wie es Heisenberg einmal formuliert hat, die ideellen Objekte.

Noch zögert die klassische Wissenschaft, die außersinnlichen Wahrnehmungen als reale Tatsachen uneingeschränkt anzuerkennen. Mit mentalen PSI-Fähigkeiten lassen sich, falls sie kontrolliert einsetzbar sind, die engen Schranken von Raum und Zeit überwinden. Wie wir wissen, können dabei paradoxe Situationen entstehen, deren widerspruchsfreie Beschreibung die heutige Wissenschaft vor große Probleme stellt. Insbesondere ist die Kausalrelation durch die Anerkennung von Präkognition extrem gefährdet. Es gilt wissenschaftlich als nicht mehr ausgeschlossen, dass in den extremen Zuständen menschlichen Bewusstseins eine übergeordnete Schau der Dinge in unserem Universum möglich ist. Nur wissen wir bisher nicht, an welchen Ort sich das Bewusstsein in seiner außersinnlichen Wahrnehmung zurückzieht und wie diese Zustände unter Kontrolle gehalten werden können. Die Struktur der Welt unserer Träume und Ahnungen besitzt einen merkwürdig raumartigen Charakter, d.h. die lineare Zeitfolge spielt keine Rolle. Die Szenen unserer Träume und Visionen wechseln ohne Bruch zwischen Vergangenheit und Zukunft, zeigen verwirrende und akausale Handlungsmuster.

Wie wirklich ist die Welt der Träume, die manchmal Ereignisse der realen, zeitartigen Welt voraussagen oder andeuten? Warum sollten die raumartigen Bereiche der Psyche und der Relativitätstheorie nicht einen gemeinsamen Hintergrund besitzen? Die Physiker bezeichnen die Ereignisse in Raumteilen, über die sie nichts wissen können, als raumartig. Ist es vorstellbar, dass der Lichtkegel der Relativitätstheorie einen kausalen Bereich aus einer Überwelt voll lebendiger Vibrationen, Phantasien, Bedeutungen, traumhaften Weltentwürfen und Visionen heraus schneidet? Die raumartige Sphäre ist möglicherweise nichts als ein Symbol für die inneren Dimensionen des Menschen und des Kosmos, deren Erforschung noch in den Anfängen steht. Ist diese These haltbar, so wird sich die Wissenschaft von den zeitartig und kausal verknüpfbaren Ereignissen im Außen durch eine Forschung der raumartigen Innenwelt erweitern müssen.

In allen großen Religionen wird das Ursein aller Dinge aus der Existenz Gottes abgeleitet. In den Religionen, in denen die

Vielfalt der Götter für die Einheit aller Dinge nicht mehr ausreicht, wird ein Urgrund in einem schwer fassbaren Begriff abgebildet. In China nennt man es Tao, in Indien das Nirwana, in der Kabbala das *Ain Soph* und bei Plato ist es die höchste Idee des Guten. Das Bemühen um die wahre Erkenntnis des Urgrundes allen Seins führt bei den Mystikern aller Religionen und Philosophien zu gut dokumentierten und ähnlichen Resultaten. Mit erstaunlicher Übereinstimmung beschreiben sie, wie sie sich leer machen von den Dingen und Prozessen der Welt der Sinne. Dabei erreichen sie immer tiefere Stufen der Versenkung und kontaktieren Realitäten, die hinter den Erscheinungen der Welt stehen, die der gesamten Welt zugrunde liegen.

Weisheitslehrer ganz verschiedener Kulturkreise benutzen ähnliche Worte, um ihre Einsichten zu vermitteln. Sie betonen immer wieder, dass es unmöglich ist, die geistigen Zustände sprachlich genau zu beschreiben, die aus dem Kontakt mit dem einheitsstiftenden Geistprinzip entstanden sind. Die Mystiker sind fest davon überzeugt, dass unsere normale Wahrnehmung nur ein winziger Ausschnitt des kosmischen Bewusstseinsspektrums ist. Es existiert für sie eine Hierarchie von Bewusstseinsschichten, die an Tiefe und Struktur die Wahrnehmung des normalen Egobewusstseins bis ins Unermessliche übersteigen. Der weitere Aufstieg des menschlichen Bewusstseins ist nach den Aussagen der Psychoexperten nur mit der Auflösung des Egos zu erreichen. Die These, dass das menschliche Ego ein Hindernis für die wahre Wahrnehmung der Welt ist, wird von fast allen Meditierenden anerkannt, die tief genug in die Bewusstseinsschichten eingedrungen sind. Die Trennung zwischen Ich und Umwelt, zwischen Beobachter und Beobachtetem existiert nicht wirklich!

In einem schwer zu beschreibenden Prozess werden trennende Sichtweisen aufgehoben. Der Meditierende durchdringt immer weitere Stufen, auf denen sich mentale Begrenzungen auflösen. Er fühlt sich schließlich mit allem verbunden. Aus diesem Zustand tiefer Verbundenheit mit dem Kosmos kommen die Meditierenden zurück und geben ihren Mitmenschen den Rat:

"Alles, was Du anschaust, das bist Du selbst".

In ihren Meditationen wird die Wirklichkeit der Materie als Oberflächenschein entlarvt. Das Herausfallen des menschlichen Bewusstseins aus einer ursprünglichen Einheit mit der Welt wird intuitiv erfahren. Viele Mystiker fordern nicht, wie vielfach missverstanden, einen Ausstieg aus dieser Welt hinüber in eine Jenseitige, sondern eine fundamentale Verschiebung unserer Perspektive von Raum und Zeit. Sie fordern die Schulung des uns durch die Natur gegebenen Potentials zur Höherentwicklung Es geht um die latent vorhandenen Fähigkeiten im Menschen, die zeitlichen und räumlichen Dimensionen transparent machen. Das Andere, das die komplementäre Bedingung dieser Welt hier ist, muss in die Sichtweise des Individuums einbezogen werden. Nur so ist die Ganzheit zu erreichen. Die irdischen, beschränkten Dimensionen des Raum-Zeit-Kontinuums sind für einige Esoteriker nur Hilfsmittel des geistigen Urgrundes sich selbst in mannigfachen Projektionen zu spiegeln und mit Illusionen zu spielen.

Aus welchem Stoff ist die Welt gemacht, wer oder was ist die tragende, die letzte Substanz, aus der alles seine Wirklichkeit bekommt? Die Substanz des ewigen Reiches ist weder formbare Materie noch reiner Geist, sondern die Wurzel beider, so sagen es die Mystiker. Die Zen-Mönche vergleichen die immense Qualität des Urgrundes mit einem unergründlich tiefen Ozean, der von der Wellenbewegung seiner gekräuselten Oberfläche kaum bewegt wird. Wellenformen vom Wind erzeugt verlaufen sich auf der Oberfläche, Wassertropfen sprühen kurz auf und verschmelzen wieder mit dem Ozean. Das Spiel des Windes und der Wellen ist unbedeutend im Vergleich zu der ungeheuren Tiefe und Ruhe des gesamten Ozeans.

Ihre höchsten mystischen Erlebnisse beschreiben die Mystiker oft als einen Zustand absoluter Ruhe, der voller Dynamik ist. Es ist der unbewegte Beweger, das Nichts ohne Eigenschaft, das Alles hervorbringt. Die erscheinende Welt ist nur Illusion, kreative Projektion überzeitlichen Seins in die flüchtigen Dimensionen von Raum und Zeit.

Die großen Gedanken der alten indischen Philosophen und Weisen schöpften den Begriff des göttlichen Nichts, des Nirwana. Buddha lehrte, dass Vollkommenheit für ein selbstbewusstes Individuum erst im ewigen Nirwana erreicht wird. Er selbst versagte sich das glückselige Eingehen in das Nirwana, um seinen Mitgeschöpfen, die noch ganz in die Leiden der irdischen Welt verstrickt sind, einen Weg aus dem endlosen Kreislauf der geschöpflichen Welt aufzuzeigen. Das Nirwana ist die Sphäre des Seins, in der die Verstrickungen und Leiden in die

Illusion von Zeit, Raum und Materie überwunden sind. Dort ist nur reines subjektives Bewusstsein, losgelöst von allen Bindungen an die Objekte der Welt der Erscheinungen. Nirwana ist ein Nichts, das Vollkommen ist.

Mit dem Tao der alten Chinesen existiert eine verwandte Vorstellung, die nur schwer in die Begrifflichkeit der heutigen Zeit zu übersetzen ist. Der weise Lao-Tse formulierte in seinen Sprüchen des Tao-Te-King Weisheiten, die den Zustand einer aus dem Tao gefallenen Welt beschreiben.

"Das Wesen, das begriffen werden kann, ist nicht das Wesen des Unbegreiflichen. Unnambar ist das All-Eine, ist Innen. Nambar ist das All-Viele, ist außen. Das Wesen ist gleich wie die Leere eines Gefäßes. Wer Wesen auswirkt, ist wie Leere und sammelt nicht an. Leer ist es dennoch der unermessliche Schoß aller Dinge. Aus All in Nichts. Gestaltung des Gestaltlosen. Erscheinung des Erscheinungslosen. Es ist das Fließende. Unnambare."

(Lao-Tse,Tao Te King, Das Buch vom Weltgesetz und seinem Wirken, Barth-Verlag,1976, Seite 9.)

In diesen paradoxen Formulierungen wird die kausale Logik des in der Raum-Zeit beschränkten Menschen aufgesprengt. Jeder, der diese Worte liest und länger darüber meditiert, ist von der Rätselhaftigkeit und der Eigenart dieser Worte fasziniert. Es drängt sich das unwiderlegbare Gefühl auf, dass sich hinter den Worten des Tao-Te-King tiefe Sinnhaftigkeit verbirgt, eine Erfahrung von Welt, die sich nur unzulänglich in der alltäglichen Sprache abbilden lässt. Das Tao-Te-King ist ein Buch vom wahren Sein, das mit paradoxen Bildern die Widersprüche unserer Welt und ihren Bezug zu einer unbegreiflichen Transzendenz aufzeigt.

Die alten Meister der inneren Bewusstseinsdimensionen behaupten, dass sich mittels besonderer Techniken Fenster in die Ewigkeit öffnen lassen. Sie beschreiben die Wege aus der zeitlichen Seinsweise des Menschen in eine andere Realität. Sie halten es für prinzipiell möglich, dass jeder Mensch unter geeigneten psychischen Bedingungen zeitlose Ausblicke auf eine ewige Realität erfahren kann. Es scheint so, als ob der menschliche Geist dasjenige, was er außen im Raum und in der Zeit sucht und nicht finden kann, in seinem Inneren umschließt. In der Weisheitstradition aller Völker und in den großen Religionen finden sich mehr als deutliche Hinweise über den jenseitigen Grund der irdischen Welt. Schamanen, Priesterkönige, Heilige und Mystiker behaupten über ethnische, zeitliche und geographische Grenzen hinweg in merkwürdiger Übereinstimmung, die letzte und einzige Realität ist Innen, der Geiststoff ist nicht Folge, sondern Fundament der Welt, wie sie ist.

Fast alle uns überlieferten Beschreibungen von inneren Erleuchtungen nehmen extensiv Bezug auf einen Kosmos, den man nur in der Schau nach Innen kontaktieren kann. Die Weisen des mystischen Pfades aller Kulturkreise teilen ihren Schülern und den Gläubigen ihrer Religion merkwürdige Einsichten und Erlebnisse mit. Sie erzählen von seltsamen Verformungen des Zeitgefühls, die sich in der Tiefe der Meditation einstellten. Ozeanische Gefühle der Zeitlosigkeit überschwemmen den Meditierenden. Für ihn scheint die Welt selbst in einem allgegenwärtigen Punkt in der Zeit anzuhalten. Oft wird dieser Zustand begleitet von einem Gefühl des Freiseins, frei auch vom Zwang des Denkens. Dabei löst sich die als hinderliche empfundene Ichhaftigkeit auf, die fundamentale Einheit der vielen zersplitterten Ichs wird erfahren. Die Welt ist Du und Ich zugleich. Sie, die in der Tiefe des Bewusstseins Erleuchtung finden, kommen zurück und teilen uns mit:

Die Freiheit einer Sphäre jenseits unserer Schranken von Raum und Zeit existiert und ist ewig.

Die Erfahrungsberichte der Meditativen sind oft sehr persönlich gefärbt, enthalten unverständliche Formulierungen und klingen befremdlich bis wirr. Wie die Meister selbst zugeben, ist die Tiefenerfahrung jenseits des eindeutigen Sinnes der Worte und Symbole. Ein Zenmeister belehrt einen seiner Schüler mit den Worten:

"Niemand kann für dich ins Badezimmer gehen".

Leider wird die innere Gewissheit eines erleuchteten Weisheitslehrers von vielen Vertretern der exakten Wissenschaften nicht als Quelle sicherer Erkenntnis anerkannt. Die Erleuchteten und Weisen aller Zeiten haben immer in Rätseln und Paradoxen gesprochen. Sie versuchen, oft ohne Aussicht auf Erfolg, auszudrücken, was wahre Erkenntnis ist. Dabei erweist sich unsere Sprache und die damit verbundene Logik als unzureichend. Tiefes Wissen kann niemals allein aus Logik und Erfahrung abgeleitet werden. Aber wie kann der Mystiker seinen Mitmenschen sichere und wahrer Erkenntnis vermitteln, wenn die Sprache dazu nicht genügt?

Er versichert uns, dass seine innere Gewissheit mehr wiegt als jeder logische Beweis. In Parabeln und bildhaften Symbolen versuchen die Weisheitslehrer den weniger spirituell veranlagten Menschen einen Sinn mitzuteilen, der menschliches Denken weit übersteigt. Eine echte Annäherung an den Sinn kann nur der erreichen, dem die Gnade innerer Gewissheit zufällt. Die Menschen können durch Zuhören und Hingabe die Bedingungen fördern, unter denen die Fähigkeit zu wahrer und gewisser Erkenntnis entsteht. Durch Gedankenarbeit und Anwendung von Logik allein kann man diese Fähigkeit nicht erwerben. Sich leer, demütig und nichtig machen ist eine oft gebrauchte Formel der Mystiker. In der Leere, im Verborgenen, im Schweigen, dort soll der Mensch die lebendige Quelle der ewigen Wahrheit finden. Bei den Mystikern des Mittelalters erschien das Ursein als die Idee Gottes, als das eine Prinzip das alles erhält und erzeugt. Die Einheit ist es, aus der die Vielheit hervorbricht. Nikolaus von Cusa verglich Gott mit einem Kreis, dessen Mittelpunkt überall und dessen Peripherie unendlich ist . Aus der Geometrie ist bekannt, dass ein Punkt ohne Ausdehnung, also völlig strukturlos ist. Ein Punkt ist Einheit, ohne jede Unterscheidung. In jedem Punkt der Welt ist das volle Sein Gottes anwesend, in einem Nichts.

Vielleicht erkennen wir dann, dass die Methode der exakten Wissenschaft nur ein Werkzeug, aber nicht das Einzige, ist, um unsere Stellung im Universum zu begreifen. Der Mensch besitzt vielfältige Erkenntniswerkzeuge. Zur Integration komplementärer Erkenntniswege ist der ganze Mensch gefordert, die Einheit von Gefühl, Erleben und Intelligenz. Poesie und Kreativität, Schönheit und Harmonie können niemals durch materielle Konstrukte und nach logischen Regeln gemessen werden, ihre Existenz aber ist für jeden Menschen unbestritten. In den schöpferischen Tätigkeiten aller intelligenten Lebewesen werden Muster gewirkt, die zeitlos sind. Scheint hier nicht durch die grobe Materie eine überirdische Seinsweise, die unsere Mystiker bereits erfahren haben?

These: *Der Mensch ist Teil eines raumzeitlosen Bewusstseins, das sich durch den Filter Zeit auf eine dreidimensionale Welt eingeschränkt hat. Unser mit den Sinnen wahrnehmbares Universum ist nur Teil eines gigantischen Netzwerkes hyperdimensionaler Räume, in denen ein für uns unfassbares Geschehen stattfindet. Aber es ist für uns inkarnierte Menschen grundsätzlich möglich, diese Transdimensionen und die informativen Wechselwirkungen zwischen den Pararäumen zu erforschen und möglicherweise für unsere eigene Weiterentwicklung zu nutzen. Diese Aufgabe ohne Vorurteil und wissenschaftlich anzugehen, erscheint daher als wichtiger Auftrag für eine erfolgreiche evolutionäre Aufwärtsentwicklung des Menschen.*

Wie die Bibel konstatiert: Im Haus des Herrn gibt es viele Wohnungen.

KAPITEL 14

DER IN DIE ZEIT GEFALLENE MENSCH

Die Liste der Selbstbetrachtungen des Menschen, die ihn in einem gestörten Verhältnis zu der natürlichen Ordnung des Universums sehen, ist unübersehbar lang. Dabei scheint dem Menschen eine sehr wichtige Rolle in dem universalen Schöpfungsgeschehen bestimmt. In dem gemeinsamen Hintergrund aller Religionen steht der Mensch als Stellvertreter Gottes, als sein Ebenbild in der Welt. Der Mensch soll, so die überlieferte Tradition, die Hilfskonstruktion Raumzeit benutzen, um in die unbegreifliche Ewigkeit zurückzufinden. Die irdische Welt, also die Raumzeit, war ursprünglich als ein Geschenk vom Schaffenden an den geschaffenen Geist geplant. Doch hat sich der geschaffene Geist von seiner Urquelle in einem Akt der freien Wahl entfremdet. Dass der Mensch als in einem tieferen Sinne gefallenes oder gar missratenes Wesen angesehen wurde, ist uns aus unzähligen Mythologien der Völker und aus den heiligen Schriften der großen Religionen nur zu bekannt. Ist der kosmische Mensch, Repräsentant des in die Materie verwickelten Bewusstseins, vielleicht im Labyrinth der unteren Räume und Zeiten verloren und gefangen?

Im Mythos vom Sündenfall der Bibel wird angenommen, dass der Mensch ursprünglich anders konzipiert war. Durch welche Ursache auch immer bedingt, er fiel aus einer göttlichen Wirklichkeit in die irdische Zeit und in die Niederungen eines gnadenlosen und räuberischen Überlebenskampfes. Es wurde aus einem Leben in ewiger Gegenwart in ein zeitliches, sterbliches Leben verbannt, voller Mühen und Schmerzen. Im Paradies vor dem Sündenfall herrschte, so ist es überliefert, ewiger Frieden und Harmonie zwischen allen Geschöpfen. Alter, Tod und Zerstörung gab es nicht. Der paradiesische Mensch lebte offensichtlich in einer Welt, in der die Kategorien Vergangenheit, Gegenwart und Zukunft wenig oder keine Bedeutung hatten. In den Interpretationen vieler Religionssysteme wird angenommen, dass auch im Paradies kausal bedingte Handlungs- und Ereignisketten existieren. Allerdings sollen sich die Ereignisse in einem Muster verknüpfen, das sich mit unserer Zeit nicht messen lässt. Über die Andersartigkeit von zeitlichen Folgen in den Transdimensionen befinden sich Zen-Mönche, Mystiker des Mittelalters und indische Yogis mit ihren Aussagen in seltsamer Übereinstimmung. Welchen

Namen oder welche kulturspezifische Ausgestaltung die Übersphäre erhält, spielt keine besondere Rolle. Ob himmlische Hallen, Garten Eden, jenseitige Gefilde, Nirwana, Paradies oder Reich der Ewigkeit, in alle diesen Sphären ist Zeit, wie wir sie kennen, aufgehoben.

Die Bibel bezieht sich in ihrem Anfang auf das Paradies, den Garten Eden, als Ort der himmlischen Ökologie mit einer eigenen, himmlischen Zeit. Der Fall auf die 3-D-Erde wird begleitet von einem Fall in die irdische Zeit der auseinandergefalteten Langsamkeit. In ihrem letzten Kapitel ist das überirdische und himmlische Jerusalem der Ort, zu dem sich die Menschen auf den Ruf Gottes hin bewegen, um ihre Erlösung aus der niederen Materie zu erlangen. Der Mensch, die Tiere, die Dinge und all ihre Beziehungen zueinander waren vor dem Fall in die Raum-Zeit vollkommen im Gleichgewicht, gemäß dem ursprünglichen Plan des Schöpfers. Die Schlange, wahrscheinlich die Verkörperung eines ebenfalls göttlichen Wesens, verursachte eine Störung im himmlischen Gleichgewicht.

Der Urmensch erlag den Einflüsterungen der Schlange. Er wollte so sein wie der Schöpfer, er wollte das absolute Wissen von Gut und Böse und fiel dabei aus dem Gleichgewicht der göttlichen Ordnung. Mit dem Sündenfall ist unsere zeitliche Wirklichkeit erst entstanden, die Austreibung aus dem Paradies ist ein Fall in die Dimension der Zeit. Für den Fall in die Raumzeit gibt es eine bemerkenswerte Analogie. Die Größenzunahme des menschlichen Embryos, monatlich gemessen, ist proportional der Fall-geschwindigkeit eines frei fallenden Körpers.

Die modernen Astrophysiker fragen sich manchmal, ob der Raum unseres Weltalls ein Defizit aufweist, dass auch er aus einer ursprünglichen Einheit sozusagen herausgefallen ist. Beim Urknall hat er irgendwie Schaden genommen. Sie nehmen an, dass sich der Raum verknotet hat, als die physikalischen Kräfte im Entstehen begriffen waren. Haarrisse, Brüche, Anomalien könnten sich im frühen Weltall gebildet haben. Die Physiker sprechen von Symmetriebrüchen einer einheitlichen Struktur, die wie Kristallisationskeime aus einem unitären Medium die materiellen Strukturen unserer Welt erzeugt haben.

Die großen Denker und Religionsstifter unserer Welt haben ohne Ausnahme angenommen, dass der menschliche

Geist, seine Seele oder Psyche, in einer höherdimensionalen, ewigen Sphäre zu Hause ist. Eine ungebrochene geistige Weiterexistenz vor der Geburt und nach dem Tod wird von vielen Menschen mit innerer Gewissheit anerkannt. Der Weg zurück zu der Sphäre, aus der er heraus gefallen ist, wird von den großen Religionen als Ziel und Aufgabe des irdischen Menschen hier im Diesseits des 3-D-Raumes dargestellt.

Der Austritt aus dem irdischen Leben wird oft als Sog beschrieben, der den Menschen und seine Psyche in einen dunklen Tunnel zieht. Es ist, als ob ein Schwarzes Loch am Ende des Lebens die Raumzeit aufbricht, um den Weg in eine andere jenseitige Dimension frei zu machen. In Nahtod-Erlebnissen vieler Menschen wird immer wieder von einem weißen Licht gesprochen, das dem scheinbar Todgeweihten am Ende des Tunnels erscheint. Die analoge Entsprechung von Weißem und Schwarzen Loch in der Raumzeitphysik ist eine merkwürdiger Synchronizität. Auch behaupten viele Zeugen, die den Tod vor Augen sahen, dass die vollständige Spanne des eigenen Lebens dem inneren Auge in Sekunden gewahr wurde. Analog erfährt der Beobachter, der einen Ereignishorizont erreicht, dass die Geschichte des gesamten Universums in ihre relativ kurze Eigenzeit eingewickelt ist. Die Raum und Zeit transformierenden Qualitäten im Tunnelerlebnis spiegeln sich in den seltsamen Wurmlöchern, die in ein Jenseits von Raum führen.

In der irdischen Zeit ist alles auseinandergefaltet und getrennt, was eigentlich zusammengehört, so wird es in einem alten Kommentar zur Bibel erzählt. Die Zerstreuung in die Vielheit ist der eigentliche Fall. Trennung, das Erkennen von Gut und Böse, ist eine Frucht vom Baum des Lebens, die der Mensch besser nicht angenommen hätte. Ob diese Vertreibung aus dem Paradies durch Handlungen des gefallenen Menschen rückgängig gemacht werden kann, darüber gibt das Alte Testament wenig, zumindest nicht deutlich genug Auskunft. Im weiteren Verlauf der biblischen Ursprungsgeschichte wird geschildert, wie die Menschen auch nach dem Fall nicht im Einklang mit dem Willen Gottes lebten. Den Schöpfer reute es, den Menschen gemacht zu haben und er schickte die Sintflut.

Die Sage von der Sintflut existiert in fast allen überlieferten Urmythen der Naturvölker. Mit der großen Flut werden die Verfehlungen der Menschen durch göttliches Einwirken bestraft.

Die wenigen Überlebenden nach der großen Flut gehen zwar einen neuen Bund mit den göttlichen Mächten ein, doch ihre Fähigkeiten, weiterhin Sünden zu begehen, bleiben erhalten. Auch in der biblischen Erzählung von Sodom und Gomorra werden die Verfehlungen und Unzulänglichkeiten des Menschen mit einem göttlichen Strafgericht geahndet.

In den heiligen Schriften aller Religionen, in den Sagen und Legenden aller Zeiten wird der Mensch ohne Ausnahme als fehlerhaftes, unvollkommenes Wesen geschildert. Was für Ursachen oder Gründe kann der Mensch für sein so oft belegtes und nachgewiesenes Versagen angeben? Liegt die Schuld bei ihm allein? Ist die Schöpfung, durch einen für menschliche Vorstellungen unfassbaren Umstand, vielleicht fehlgeschlagen? Was kann er tun, um seine so scheinbar hoffnungslos beurteilte Situation zu verbessern? Ist die Ursünde vererbt, eine Last, die er niemals ohne die Hilfe und Gnade höherer Mächte verlieren kann?

In einem Kommentar des Mittelalters zur Schöpfungs-geschichte wird berichtet, dass der Schöpfer den Menschen mit der linken Hand geschaffen hat, dass er also nicht so recht gelungen ist. Auch wird erzählt, dass der Schöpfer schon vor der Erschaffung Evas Probleme mit der ersten Gefährtin von Adam hatte. Lilith, nach uralter Überlieferung die erste Frau Adams, wurde durch eine Neuerschaffung aus Adams Rippe verdrängt. In einer alten Überlieferung besitzt Lilith einen negativen Aspekt, sie ist die Herrscherin über Dämonen und Zauberer. Warum aber eine zweite Erschaffung der Gefährtin Adams? Zeigen sich hier etwa Widersprüche eines übermenschlichen Disputes?

Die Bibel kennt zwei merkwürdig unterschiedliche Schöpfungsberichte. Im ersten Bericht schaffen die Elohim (Mehrzahl!) Mann und Frau gleichwertig. Im zweiten Bericht, der Priesterschrift, schafft Jahwe (Einzahl!) Eva aus der Rippe (Mondsymbol!) Adams. Ist hier ein Hinweis für die zweifellos verhängnisvolle männliche Dominanz in der bisherigen Geschichte der Menschheit zu suchen? War der erste Mensch nicht in der Lage mit seiner gleichwertigen, polaren Ergänzung Lilith in Harmonie zu leben? Ist der Erschaffer Liliths derselbe, der auch Eva ins Leben ruft? Es scheint als ob kosmische Schöpferkräfte vor, während und nach der Urschöpfung der irdischen Raumzeitwelt um das Wohl der menschlichen Existenz ringen. In prägnanter Form drückt dies der Kulturphilosoph W. I. Thompson so aus:

"Das angelische Fließgleichgewicht war zerbrochen, der Mensch wurde erschaffen und ein kreatives Ungleichgewicht wurde in Form von Zeit eingeführt. Für jene, die der alten Ordnung am nächsten waren, war dies ein völlig neues Universum, eine Revolution. Kein Wunder, wenn es heißt, dass die Engel uns nicht mögen, denn als der Mensch erschaffen war, war im Himmel die Hölle los. "

(William Irvin Thompson, Der Fall in die Zeit, Weilbrecht, 1985, Seite 37)

Eine indianische Ursprungslegende erzählt in ähnlicher Form, dass der Mensch als Folge eines himmlischen Streites durch ein Loch aus einer oberen Welt in eine untere Welt gefallen ist.

Auch der Philosoph Plato beurteilt die allgemeine menschliche Situation auf der Erde als denkbar ungünstig. Er betrachtet das normale, menschliche Bewusstsein als eingeschränkt und in einer unwirklichen Welt gefangen. In dem berühmten Höhlengleichnis ist der Mensch ein angekettetes Wesen, das starr auf eine Wand blicken muss. Auf dieser Wand erscheinen Schatten von Gegenständen, die er nicht direkt wahrnehmen kann. Er hält die sich bewegenden Schatten für die wahren Dinge der Welt, für seine normale, ihm eigene Wirklichkeit. Das Licht vor dem Eingang der Höhle ist ihm nicht zugänglich. Die eigentliche Lösung der menschlichen Misere wäre nach Plato, sich loszuketten und in das Licht zurückzukehren, um die Dingen so zu erkennen, wie sie sind. Auch in diesem Bild wird die gewöhnliche Art und Weise, wie wir die Welt in Zeit und Raum wahrnehmen, als Fehlleistung interpretiert. Mit der Einkerkerung in die Höhle wird offensichtlich das Gefangensein in Raum und Zeit verdeutlicht. Der Mensch als Kerkerwesen ist eine hoffnungslose Vorstellung. Die Möglichkeit, dass sich der Mensch eines Tages mit eigener Kraft aus dem Raumzeitkerker befreien kann, wird von Plato trotzdem nicht explizit ausgeschlossen.

Es ist nicht überliefert, ob Plato die griechische Erzählung von dem Satyr *Silen* und einem phrygischen König bekannt war. Dieser Geschichte zufolge hatte der König das unsterbliche, göttliche Wesen gefangen. Er forderte von *Silen*, ihm die tiefen Rätsel des Menschseins zu enthüllen An den wegen seiner

Weisheit berühmten Satyr richtete er eine Frage, die für alle Menschen zentrale Bedeutung hat.

"Was ist das Ziel des Menschen und was ist für ihn wünschenswert?"

Der Satyr *Silen* schwieg zunächst. Doch um seine Freiheit wieder zu bekommen, antwortete er:

"Oh, ihr dummen Menschen. Warum zwingt ihr mich euch zu sagen, was ihr nicht hören könnt. Was für euch am besten ist, das ist euch für immer unerreichbar: nicht geboren zu werden. Das Zweitbeste für euch aber ist, bald zu sterben."

Einige metaphysische Spekulanten der modernen Zeit behaupten, dass die Erde, das irdische Jammertal, eine Erziehungsstätte für gefallene, göttliche Seelen sei. In einem schmerzhaften Lernprozess, der Leiden und Not einschließt, sollen die Menschen und ihre Seelen den irdischen, trägen Stoff meistern. In einem kosmischen Transformationsprozess soll das Menschwesen die göttlichen, in die Materie gefallenen Funken einsammeln. Der Ausbruch aus der irrealen Raumzeitwelt der Schatten ist der Übergang in das wahre, göttliche und ewige Leben. Die Motive des Gefallenseins, der gebrochenen Harmonie und der Unvollständigkeit leben auch noch heute in den modernen Mythen über den Ursprung des Menschen weiter. Mit Phantasie begabte Literaten deuten unerklärliche historische Fakten und Überlieferungen um und behaupten das Einwirken außerirdischer, überlegener Intelligenzen. Vor vielen Jahrtausenden sollen fremde Intelligenzen aus dem Kosmos auf der Erde gelandet sein. Durch künstliche Eingriffe in die Lebenssphäre der Erde sollen sie die Entwicklung des Menschen naturwidrig beschleunigt haben.

Viele Überlieferungen weisen darauf hin, dass die Astronautengötter ihre eigenen Probleme mit dem von ihnen geformten Menschwesen hatten. Götterkämpfe und Konflikte, die auch die Stellung des Menschen auf der Erde betrafen, brachen aus. Titanen und Götter, Asen und Wasen kämpften um die Vorherrschaft der Welt. Der Titan Prometheus wurde grausam bestraft, weil er den Menschen einiges vom Wissen der Götter lehrte. Nach der Sage brachte er den Menschen nicht nur das Feuer, sondern weihte sie auch in die Künste und die Wissenschaften ein. Für einige moderne Deuter der alten

Mythologien steht unwiderruflich fest: Der heutige Mensch ist das Ergebnis fehlgeschlagener genetischer Versuche der Astronautengötter.

Die esoterische Tradition vieler Völker weiß, dass mit der Entstehung des Menschen auf der Erde in der Natur ein Wesen geschaffen wurde, das im Reich der Natur relativ problematisch erscheint. Der Grund der Unvollkommenheit ist nur schwer einzusehen. Möglicherweise ist er durch einen unbegreiflichen Zwischenfall aus dem Paradies eines ewigen und vollkommenen Zustandes herausgefallen. Das Menschenwesen hat jedenfalls die Aufgabe, sich in der Zeit wieder zu vervollkommnen. Weiter wird behauptet, würde der Mensch jetzt sofort zurück in die Einheit des ewigen Lebens kommen, wäre er bald in größeren Schwierigkeiten als im zeitlichen, inkarnierten Leben in der Materie. Denn dort, im zeitlosen ewigen Leben, könnte das unreife Bewusstsein seine egoistischen Träume von Macht nicht kontrollieren. Es würde, wie die Bibel in der Geschichte vom Sündenfall vermutet, so sein wollen wie Gott, sein eigener Gott. Denn alle Konsequenzen eines an die unbeschreiblichen Harmonien der Welt ohne Zeit nicht angepassten Wesens wären unmittelbar und immer gegenwärtig. Die Zerrbilder geistiger Potenzen wie Macht, Egozentrik und Lieblosigkeit verwüsten den Garten Eden.

Das Hervorkommen „der Blumen des Bösen" (C. Baudelaire) am kosmischen Uranfang wurde durch die Entstehung der zeitlichen Welt gebunden. Der Auftrag für den geschaffenen Menschen lautet nun, diese irdische Welt in eine höhere Seinsweise zurück zu führen.

KAPITEL 15

META - PHYSIK

Die Idee, dass alle Naturprozesse mit einer eindeutigen, linear fortschreitenden Zeit verknüpft sind, ist durch die moderne Naturforschung nachhaltig in Frage gestellt. An den Rändern unserer aktuellen Weltmodelle tauchen Ansätze zu einer Multidimensionalität der Zeitaspekte auf. Die Wirklichkeit der subatomaren Partikel und der extremen kosmischen Objekte kann nicht mehr durch die linear fortschreitende Zeit allein beschrieben werden. Aussichtsreiche Kandidaten für Risse und Öffnungen der Raumzeit ins "*Nirgendwann und Nirgendwo*" sind die sogenannten Singularitäten.

Schwarze Löcher, die ersten Kandidaten für Anomalien in der Raumzeit, vermutet man in den Zentren der Galaxien. Am anderen Ende des Spektrums der Größenordnungen zeigen das punktförmige Elektron und das wellenhafte Photon Qualitäten, die lange anerkannte Grenzen von Raum und Zeit sprengen. Photonen und Elektronen zeigen hier in der drei-dimensionalen Welt der materiellen Objekte merkwürdige Verhaltensweisen, die eine logisch einwandfreie Einordnung in die traditionellen Rahmen von Zeit und Raum nur schwer möglich machen. Die Physiker schreiben den Elementarteilchen heute Eigenschaften zu, die in der klassischen Physik zunächst als unvereinbar galten. Sich auf die Kohärenz ihrer Gleichungen zurückziehend, verweigern die Physiker dem Laien eine eindeutige Auskunft über den existenziellen Status von Photonen und Elektronen. Ein Photon ist z.B. wellenhaft und doch ein Partikel; und im Gedankenexperiment wird angenommen, dass sich die Zeit im bewegten Bezugssystem des Photons für den ruhenden Beobachter in die Unendlichkeit auflöst. Die Gleichungen sagen auch aus, dass ein Elektron überhaupt kein festes Teilchen sein kann, sondern einer Wahrscheinlichkeitswolke entspricht, die über den ganzen Raum verschmiert ist.

Fast alle atomaren Partikel verändern in den teuren Beschleunigerexperimenten durch Zerfall und Umwandlung ihre Struktur. Für den Teilchenzoo und die Muster der potentiellen und gegenseitigen Verwandlungen haben die Physiker nur sehr vorläufige Theorien. Dort erhalten die Teilchen einen Status, der hauptsächlich durch mehr weniger verständliche mathematische

Gleichungen und Beziehungen definiert ist. Elektronen lösen sich in Wolken von Wahrscheinlichkeiten auf. Die Vorstellungen von Welle und Teilchen, sowohl beim Elektron als auch beim Photon, vereinigen sich in unanschaulicher Komplementarität. Teilchen werden sogar seltsam, charmant oder haben eine Farbe. Für die 5-Sinne-Anschauung des Menschen sind derartige begriffliche Neuerungen nicht fassbar. Für die meisten Menschen sind sie leider in unerreichbare und abstrakte Höhen verschwunden. Was übrig bleibt ist eine allgemeine Akzeptanz unter kompetenten Physikern, welches mathematische Modell erfolgreich anwendbar ist, sowie die Vereinbarkeit des Modells mit experimentellen Beobachtungen.

Das Begriffsarsenal der an der Front aktiven Physiker ist eindrucksvoll und gibt Raum für phantastische Interpretationen:

Exotische Materie, Quantenschaum, dunkle Energie, implizite Ordnungen, Strings, Wurmlöcher, nackte Singularitäten, charmante Teilchen mit Farbe, inflationäre und ekpyrotische Zustände wetteifern mit Schrödinger's Katze, Wigner's Freund und dem Laplaceschen Dämon um die Aufmerksamkeit kompetenter Physiker. Der Laie fragt sich verwundert, warum verborgene Parameter nicht enthüllt werden können oder was 11 Dimensionen bedeuten, wo wir doch mit der gewohnten Anschauung nur drei Dimensionen erkennen können. Erfasst der Physiker die Sphäre der Transzendenz, wenn er Superräume, Superstrings und Superuniversen mathematisch existent werden lässt? Was für eine jenseitige Sphäre oder Superwelt beschreiben die physikalischen Fundamentalgleichungen?

Antworten, die in Form mathematischer Ausdrücke gegeben werden, helfen uns interessierten Laien wenig. Für die natürliche Anschauung und das Verständnis der normalen Wahrnehmung von Welt ist die Sprache der Mathematik zu abstrakt. Es bleibt immer nur wenigen Spezialisten vorbehalten, die Grenzen des Verstehens weiter weg vom alltäglichen Geschehen zu entwickeln. Aus der Welt des Tastens, Sehens und Hörens destillieren sie mit aufwendigen Verfahren einen Hintergrundsinn, der für die große Mehrheit der Menschen unerreichbar bleibt. Das, was diese mathematisch äußerst komplizierten Überlegungen erklären wollen, ist für die Sprache des Alltagsverstandes nicht mehr ausdrückbar, noch weniger erfahrbar. Dem interessierten Laien drängt sich der Verdacht auf, dass all dieses explizite Wissen den Käfig von Raum und Zeit niemals wird durchbrechen können; dass die aktuelle Wissenschaft vergeblich zu beschreiben sucht, was die Welt an sich begründet.

Unsere rein logischen und deduktiven Wissenssysteme können die unermessliche Komplexität der äußeren Welt nicht erfassen. Sie können sich nicht einmal selbst widerspruchsfrei erklären. Der Mensch zeigt, indem er endlos Wissen schafft, dauernd über seine Welt hinaus. Die naturwissenschaftliche Methode kreist mit ihren iterativen Kosmosmodellen um einen hoffnungslos unerreichbaren Grenzwert. Da die modernen Naturwissenschaften mit ihren bisher bewährten Methoden nicht mehr weiterkommen, sind Grenzüberschreitungen unabdingbar.

Für die Wissenschaftler zeigen sich heute deutliche Hinweise, dass das 3-D-Universum, das wir messen, sehen und analysieren, nicht alles ist, was existiert. Das raumzeitliche Kontinuum, bestehend aus drei Raumdimensionen und einer linearen Zeitdimension, das wir mit unseren Sinnen wahrnehmen, ist nur eine oberflächliche Sichtweise unseres erdgebundenen Bewusstseins. Heute wird die Wissenschaft, bedingt durch merkwürdige und rätselhafte Resultate ihrer Experimente und Forschungen, unausweichlich mit der Frage konfrontiert, was es jenseits der drei Raumdimensionen noch geben kann und gibt.

Komplementäre Universen und zusätzlichen Dimensionen drängen sich bei der Interpretation der physikalischen Basisgleichungen wie selbstverständlich auf. In der Quantentheorie und der Relativitätstheorie wird der menschliche Beobachter, d.h. das wahrnehmende Bewusstsein, als zentraler Dreh- und Angelpunkt angenommen. Das menschliche Bewusstsein bestimmt aktiv, was als objektive Weltstruktur in seiner lokalen Umgebung vorhanden ist, und nicht umgekehrt. An der Front der modernen Forschung hat das 3-D-Universum mit der linearen Zeit von Jahren und Tagen seine absolute Realität verloren. Kompetente Stimmen vermuten, dass ein Superuniversum existiert, das eine höhere, wenn nicht unendliche Anzahl von Dimensionen besitzt.

Der Physiker Wolfgang Pauli und der Psychologe C.G. Jung haben in gemeinsamer Arbeit vorsichtig darauf hingewiesen, dass die menschliche Psyche unsere äußere Welt ursachenlos anordnen kann und wahrscheinlich eine tiefere Realität besitzt als die Oberflächenwelt der Materie. Sie postulieren eine seltsame Einflussnahme psychischer Elemente auf die sogenannte objektive Realität. Bei einer weiterführenden Untersuchung des Superuniversums dürfen die Physiker daher nicht überrascht sein, wenn sie auf Basiselemente stoßen, die mehr oder weniger mit gewaltigen, psychischen Strukturen gekoppelt sind. Der Physiker Anthony Zee kommt dieser notwendigen Einsicht schon ziemlich nahe, wenn er formuliert:

„Zeit ist das Konzept in der Physik, über das wir nicht sprechen können, ohne in irgendeiner Form, auf irgend einer Stufe, das Bewusstsein mit einzubeziehen".

Die modernen Physiker sollten daher die These vom kosmischen Bewusstsein sehr ernst nehmen. Bewusstsein ist die Grundlage unseres Universums und nicht umgekehrt. Dem großen Astronom Jeans wird das Zitat zugeschrieben, dass unser Universum eher mit einem großen Gedanken vergleichbar ist. Dies ist ein längst überfällige Einsicht, der sich die modernen Wissenschaftler nicht mehr verschließen dürfen.

THESE: *Nur wenn wir die Dynamik der psychischen Dimension, die Bedingungen für die Möglichkeit von Erfahrung überhaupt, und ihre unendlichen Bewusstseinsräume als integralen Bestandteil in unsere Modellbildungen einbeziehen, können die Weltmodelle relative Vollständigkeit erreichen. Die Erforschung der Welt außen durch die exakten Naturwissenschaften und die Erforschung der Welt innen durch eine spirituelle Wissenschaft müssen als komplementäre und gleichberechtigte Sichtweisen einer integralen Wissenschaft verstanden werden, Nur so ist eine Theorie des Ganzen möglich, die ein Sinn stiftendes Modell von allem, was ist, schaffen kann.*

Diese These behauptet, dass wir dem wahren Grund der Welt und einer holistischen Weltsicht näher kommen können, wenn wir mehr als bisher die subjektiven, unendlichen Bewusstseins-räume der menschlichen Psyche ausloten. Nur eine präzise Wissenschaft vom psychoiden Hintergrund der Welt kann uns Wege aufzeigen, wie die Sphäre der umfassenden, sich selbst begründenden Transzendenz erreicht werden kann. Im Prinzip ist dieser Erkenntnisweg für alle Menschen offen. Begabten Mystiker und Schamanen aus allen Zeiten und Kulturkreisen sind diesen Weg bereits gegangen und haben diese übergeordnete Realität erforscht und anerkannt. Die Techniken und Methoden sind kulturübergreifend ähnlich und bekannt. Durch die Induktion von außergewöhnlichen Bewusstseinszuständen werden die vertrauten Ordnungen unserer Raum-Zeit-Materie-Welt verdreht und aufgebrochen, so dass eine übergeordnete Realität auftauchen kann. Wir besitzen bereits ausführliche und verlässliche Berichte. Die Kulturen der Welt besitzen zahlreiche Dokumente, in denen Propheten, Schamanen, Mystiker, Heilige, wahre Yogis und erleuchteten Weisheitslehrer ihren Kontakte mit den Fundamenten der Welt eindrucksvoll schildern. Sie kommen aus ihrer Trance zurück und wissen, dass dieses verborgene, innere Geschehen, das sie erlebt haben, fundamentaler ist als die kausale Oberfläche der alltäglichen und materialen Raumzeit. Die meditativen Experten aller Zeiten bestätigen uns, dass im Prinzip jeder Mensch mit den verborgenen Dimensionen und einem dort enthaltenen transzendenten Geschehen dauerhaft verbunden ist. Wir haben einen Seelenkern, der ewig ist. Zumindest gibt es Menschen, die behaupten, dass sie dies nicht glauben sondern wissen.

Die exakten Naturwissenschaften haben es sehr schwer, diese esoterischen Wegbeschreibungen in eine höher dimensionale Anderswelt zu analysieren. Mit den oft paradoxen Formulierungen der religiösen Texte über das ewige Sein, die Ewigkeit oder Jenseitsräume verschwimmen die Grenzen klarer Begriffsbildungen. Hier spielen Wertungen, Emotionen und Bilder der Psyche eine bedeutsame Rolle. Subjektive gefärbte Dinge dieser Art sind für den exakten Wissenschaftler mit seinen Methoden nicht fassbar. Den Ablauf der Zeit kann er nicht aufheben, ohne eine logisch konsistente Erklärung der zu untersuchenden Phänomene in unserer Raumzeitwelt zu gefährden. Der klassische Physiker setzt den messbaren, eindimensionalen Parameter Zeit voraus. Erst wenn die Rahmen von Raum und Zeit möglichst eindeutig und widerspruchsfrei definiert sind, kann der Physiker seine Dynamik entwickeln. Die aus wenigen Grundannahmen abgeleiteten Begriffe sind in den exakten Wissenschaften eindeutig und beziehen sich auf wohldefinierte Anwendungsbereiche der Natur. Die physikalischen Methoden können so z.B. nichts über die vielschichtigen Begriffe "Leben", "Ewigkeit" oder "Sein" aussagen.

Mit erfolgreicher Selbstbeschränkung erklärt sich hier die Physik für nicht kompetent. Eben so wenig fällt die Dynamik der Ewigkeit in ihren Zuständigkeitsbereich. Logisch perfekt leiten die

Physiker ab, dass Ruhe und Bewegung nicht identisch und Prozesse nicht zeitlos sein können. Ihre Methoden erlauben keinen Zugang zu den Bedeutungen, die hinter den schillernden Begriffen der Philosophen und Mystiker aller Zeiten stehen. Die tiefen Denker und die Erforscher der Innenräume des Menschen beschränken sich weniger. Ihre Ideengebilde, sofern sie den Rang einer Theorie erreichen, sind diffuser als die der exakten Wissenschaften, dafür aber offener für Bedeutung und Sinn. Haben die Physiker mit ihren Ereignishorizonten, Symmetriebrechungen, Vakuumsfluktuationen und normierten Unendlichkeiten eine Sprache gefunden, die einen Weg zur Anerkennung der Existenz einer ewigen Metasphäre beschreibt? Suchen die modernen Physiker möglicherweise außen, was die Mystiker innen bereits gefunden haben? Das Endziel der Naturwissenschaftler ist die Weltformel oder die Theorie, die alles erklärt. Dabei sind die inneren und subjektiven Bewusstseinsdimensionen methodisch ausgeklammert. Ihr Untersuchungsgegenstand beschränkt sich auf allgemeingültige und objektiv nachweisbare Phänomene in Raum und Zeit. Ihre Begriffsbildungen zu Energie und Materie in Raum und Zeit sind wohldefiniert und logisch abgesichert. Dabei haben sich die großen Physiker schon manchmal gewundert, warum Mathematik und Logik überhaupt so erfolgreich auf die Welt anwendbar sind. Einige moderne Physiker zeigen sich über die "unvernünftige Effektivität" der mathematischen Strukturen bei der Physikwissenschaft zutiefst erstaunt. Ein mathematisches Modell des Universums, das alle Naturgesetze erklärt, wird heute für grundsätzlich möglich gehalten. Dies wird versucht, indem man z.B. die Quantenmechanik global auf den Kosmos anwendet. Die Physiker untersuchen die Wellenfunktion des Universums und zeigen rechnerisch, dass das Universums nicht notwendig Singularitäten haben muss. Der berühmte Stephan Hawking zieht daraus den physikalisch und theologisch unzulässigen Schluss:

"Doch wenn das Universum wirklich völlig in sich abgeschlossen ist, wenn es wirklich keine Grenzen und keinen Rand hat, dann hätte es weder einen Anfang noch ein Ende: Es würde einfach sein. Wo wäre dann noch Raum für einen Schöpfer?"

(Stephan Hawking "Kurze Geschichte der Zeit", S.179)

Trotzdem lässt sich nur schwer vorstellen, wie eine Weltformel das Universum in die Existenz bringen kann, das Sosein der Welt erklärt und ihr Ende ebenso begründet. Etwas muss doch noch hinzukommen, das uns dem Sinn der Welt näher bringt, mathematische Gleichungen sind nicht schöpferisch, nur intelligente Lebewesen haben diese merkwürdige Fähigkeit, Mathematik und Formeln voll von ewigen Wahrheiten mit den flüchtigen Naturprozessen zu verknüpfen.

Der Begriff Ewigkeit ist nicht gerade geeignet zu einer eindeutigen, rationalen und in sich konsistenten Erklärung des Kosmos beizutragen. Und doch gibt es immer wieder tastende Versuche aktiver und erfolgreicher Naturwissenschaftler, den Begriff Ewigkeit einzugrenzen und in eine Theorie einzubinden. In einem interessanten Artikel unter dem Thema "*Raum, Zeit und Ewigkeit*" versucht der Astronom Gustav Stromberg nachzuweisen, dass es einen Bereich jenseits unserer Grenzen von Raum und Zeit gibt, der den alten Vorstellungen von der Ewigkeit nahe kommt.

Zunächst erläutert er, dass die mathematischen Fundamente der theoretischen Physik unter der Annahme eines fünfdimensionalen Universums vereinfacht und verallgemeinert werden können. Die sogenannte "Ewigkeitsachse" ist eine zusätzliche Dimension, die in einem höherdimensionalen Raum senkrecht zu den vier bekannten Dimensionen der Physiker verläuft. Von diesem Ewigkeitsbereich des Universums haben wir keine unmittelbare Erfahrung. Wir sind in einem gewissen Sinne ewigkeitsblind.

"Da es im Ewigkeitsbereich keine Einheiten der Länge und der Zeit gibt, muss man diesen Bereich als nicht-metrisch strukturiert beschreiben. Abstände im Raum können nicht definiert werden, obwohl es eine Art mentaler Trennung geben könnte. Lange und kurze Zeitintervalle werden nicht voneinander unterschieden, so dass Dauer in der Zeit keine Bedeutung hat. Andererseits gibt es Grund zu glauben, dass Folgen von Ereignissen einen wohldefinierten Sinn besitzen. "

(Gustav Stromberg, Space, Time and Eternity, Seite 136, Franklin Institute Journal, V272, 1961, Übersetzung Autor)

In dieser extra-physikalischen Dimension soll nach Stromberg der Ursprung aller Dinge liegen: Energie, Materie, Leben, Bewusstsein und Geist. Dabei kann man annehmen, dass unser Gehirn, wie wir es durch unsere Sinnesorgane und wissenschaftlichen Instrumente wahrnehmen, die Projektion eines Objektes des Ewigkeitsbereiches in die Raumzeit ist. Was wir mit unserem Gehirn und unseren Augen erkennen, ist nur ein Teilaspekt einer tiefer liegenden Realität. Die Ewigkeit ist ein Kontinuum, das überall in Kontakt mit der vierdimensionalen Raumzeit steht, ähnlich wie die Atmosphäre mit der Oberfläche der Erde. An bestimmten Kontaktpunkten, sogenannten Energie-quellen, strömt Energie in den Bereich von Raum und Zeit. Diese Art der Energie wird am besten als undifferenziert und in potentieller Form beschrieben. Es ähnelt mehr einer geistigen Energie. Gustav Stromberg beendet seine Überlegungen mit der Idee, dass der Ewigkeitsbereich Eigenschaften eines lebendigen Wesens besitzt. In seinen Worten hat diese Weltseele die Eigenschaften allmächtig und weise zu sein, sie ist eine lebendige Person und der Schöpfer aller Dinge, materiell, geistig und spirituell. Dieser Weltentwurf eines Naturwissenschaftlers geht weit über das hinaus, was die exakten Wissenschaften als gesicherte Erkenntnisse annehmen, annehmen dürfen.

Wenn der Naturwissenschaftler seinen streng definierten Gegenstandsbereich verlässt, dann muss er nicht notwendig auf eine einheitliche Gesamtschau des Universums, in dem wir leben, verzichten. Das Problem dabei ist, wie die mit seinen Methoden erzielten Ergebnisse in eine allgemeine Weltsicht integriert werden können. Wenn die Naturwissenschaft in ihren Grundlagen-problemen auf den subjektiven Beobachter zurück geworfen wird, dann muss sie auch den Beobachter als Strukturelement der Welt rückhaltlos anerkennen. Sonst wird sie eines Tages aufwachen und feststellen, dass die wahre Welt bereits durch die Maschen des naturwissenschaftlichen Netzes hindurch geschlüpft ist.

Wir sehen allmählich ein, dass unsere präzise Logik und unsere formalen Sprachen die zugrunde liegende Realität nur gebrochen wiedergeben. Wir nähern uns der ewigen Wahrheit in immer neuen Modellen und verbesserten Theorien. Tatsächlich ist es in der Logik und damit in allen formalen Systemen unmöglich, die Widerspruchsfreiheit und ihre innere Konsistenz aus sich selbst heraus zu beweisen. Eine korrekte Beurteilung der wider-sprüchlichen Verhältnisse wird nur jenseits der Theorie, vom Standpunkt eines Metabeobachters abgegeben.

Gibt es überhaupt eine Theorie von Allem was ist, eine universelle Metatheorie, die den Sinn des Ganzen wiederspiegelt?

Mit der Forderung nach einer Meta-Physik der ewigen Ideen werden bisher anerkannte Grenzen der Naturwissenschaften und ihrer Untersuchungsmethoden neu definiert. Eine künftige Meta-Physik wird das erprobte, mit viel Scharfsinn, ungeheurem Fleiß und extremer Denkarbeit erbaute Gebäude der Physik nicht sprengen. Vielmehr wird sie an den Ausgängen des Theoriengebäudes der Physik neue Entdeckungen machen und die sinngebende Verbindung zu allem, was ist, wieder herstellen.

Im Rahmen einer veränderten Methodik der physikalischen Wissenschaften wird nicht eine Auflösung, sondern eine Transparenz bestehender Grenzen möglich sein. Es ist klar, dass einige Grenzziehungen unverzichtbar sind und auch von einer zukünftigen Meta-Physik nicht überschritten werden können. Gemeint ist die wirksame Abgrenzung der Methoden einer universellen Meta-Wissenschaft gegenüber Vorurteilen, Willkür, Aberglaube und Unlogik. Dabei spielt die Anwendung der Mathematik als Königin aller Wissenschaft nach wie vor eine zentrale Rolle. Nur sie kann dem Chaos der unorganisierten Ideen und dem Meer von Fakten eine Struktur verleihen. In der erfahrbaren Realität von Materie, Partikeln, Strahlung und Energie, den zentralen Untersuchungsobjekten der aktuellen Physik, ist die Mathematik mit außergewöhnlichem Erfolg angewendet worden. Mathematische Strukturen geben den Sinnesdaten und den Daten, die indirekt über Messgeräte erfahren werden, Form und Konsistenz. Und die mathematischen Wahrheiten sind für die Ewigkeit entworfen.

Eine sich entwickelnde Meta-Physik wird die Anwendung mathematischer Methoden zur erfolgreichen und erkenntnistheoretisch relevanten Modellbildung in keinem Fall aufgeben können. Der Übergang zur Metaphysik wird sich auch im Rahmen einer erweiterten Mathematik der Qualitäten vollziehen müssen. Gödelsche Wegweiser in die Transzendenz, eine Geographie der inneren Räume und die Rolle des subjektiven Beobachters können nicht ohne Strafe vernachlässigt werden. Zu den Fakten und Methoden der bisher anerkannten Naturwissenschaften müssen komplementäre Erkenntniswerkzeuge hinzukommen. Besonders wird man sich mit der These über die Existenz eines zu unserer Raumzeit komplementären Raumes der Ideen auseinandersetzen müssen. Dabei gilt es, auch eine von Plato auf den Weg gebrachte geometrische Formenlehre des Ideenraumes zu prüfen und zu entwickeln. Die reale Existenz idealer Objekte, auch unabhängig von dem Bewusstsein, das die Ideen gerade annimmt, ist seit Plato bekannt, aber oft verdrängt worden. Die Welt außerhalb unserer Höhle ist fundamentaler!

Ideen kann man zwar nicht im materiellen Sinne anfassen, wiegen und messen, aber man kann sie begreifen. Ideen setzen sich durch und sie haben Macht. Ideen reifen im Schoß der Zeit heran. Sie fallen über uns herein und besetzen unser Denken. Ihr Gehalt wiegt oft schwer. Gedanken und Denken verändern Materie, manchmal Welten. Der Arm, der ein Werkzeug zusammenbaut, hat seinen Antrieb und seine Ursache letztlich in einem geistigen Akt.

Die Realität der Ideen ist oft wirksamer, als die harten Dinge, die sich im Raume stoßen. Ihre unbezweifelbare Existenz liegt vor und jenseits der vielen Theorien der exakten Wissenschaften. Doch Ideen sind oft seltsam unpräzis. In den Bewusstseinen, in denen sie sich ausbreiten, wandeln sie sich schnell und ändern ihre Form und Bedeutung. Dabei scheint jede Idee in ihrer Entwicklung eine stetige Zunahme an Komplexität, Vielschichtigkeit und Bedeutung anzustreben. Die Evolution der Ideen schreitet fort zu immer komplexeren Mustern von Information, die auf Umsetzung in die träge Form der Materie drängen. Eine klassische Dynamik der Ideen und deren merkwürdige Wechselwirkung mit materiellen Systemen zu begründen, ist Aufgabe und Programm einer künftigen Meta-Physik.

Die fundamentalen Gesetzmäßigkeiten im Kosmos der Ideen harren noch auf ihre Entdeckung. Einige Randbereiche des komplexen und hochorganisierten Ideenkosmos sind im Laufe der Geschichte des schöpferischen Geistes entdeckt und katalogisiert worden. Mit den ersten Anfängen des Denkens im Menschen hat sich ein Zugang zum Ideenkosmos gebildet und ständig erweitert. Die unabhängige und übergeordnete Existenz einer ewigen Welt der Ideen gewinnt seit Plato eine nicht mehr abzuweisende Realität. Platos Ansatz kann durchaus als ein erster programmatischer Entwurf für eine Wissenschaft vom real existierenden Kosmos der Ideen betrachtet werden.

Wir Menschen haben aus dem Ideenkosmos Theorien und Ideen auch über diesen inneren, anderen Kosmos herausgeholt. Der Selbstbezug des Denkens auf sich selbst, der Denker, der sich und die Welt in die Existenz denkt, ist das zentrale Problem jeder Metaphysik. Mit den Methoden einer klassischen Logiklehre lässt sich diese, über sich selbst hinaus greifende Transformation naturwissenschaftlicher Grenzen nicht allein durchführen. Die Geschichte der Philosophie ist voll von gescheiterten Versuchen und methodischen Problemen beim Aufbau einer Erkenntnislehre mit logischen Mitteln. Das offensichtliche Versagen bei den bisher unternommenen Erforschungen des inneren Ideenkosmos wurde nur zu gut kompensiert durch die außergewöhnlichen Erfolge bei der Erforschung des materialen und äußeren Universums.

Die Erfolge der exakten Naturwissenschaften sind gerade dadurch möglich geworden, dass viele Grundlagenfragen bewusst vernachlässigt oder ausgeblendet wurden. Allerdings haben einige der führenden Naturwissenschaftler dieses Problem grundsätzlich erkannt. Albert Einstein, Werner Heisenberg, Erwin Schrödinger und viele andere sogenannte „harte" Wissenschaftler haben die philosophische Reflexion als wesentliche Triebkraft ihrer Forschung und Lehre anerkannt. Dabei versuchten sie die als echtes Problem empfundene Trennung zwischen Geist und Materie zu mildern. Eine Erweiterung ihrer physikalischen Methodik zur integrativen Erforschung physikalischer und psychischer Vorgänge haben sie nicht in Betracht gezogen. Dabei wurden sie an den Grenzen ihrer Forschung immer wieder auf das denkende und erkennende Subjekt zurückgeworfen. Quantenphysik und Relativitätstheorie haben die Rolle des menschlichen Beobachters und seiner Kenntnis enorm aufgewertet.

Damit ist das Programm für eine erweiterte Physik, die die Welt Innen und Außen verbindet, vorgezeichnet. Die Grundthese ist, dass diese Form von Meta-Physik möglichst viele Aspekte der Welt mit zum Teil komplementären, aber gleichberechtigten und sich gegenseitig stützenden Methoden in einem Holomodell abbildet. Meta-Physik schafft ganzheitliches Wissen. Dabei wird die traditionelle Physik ihre so erfolgreiche Methode auch zur Untersuchung ideeller Konzepte und zur Dynamik der form-gebenden Ideen erweitern müssen. Die exakten Begriffssysteme und die duale Logik verlieren nicht notwendig ihre unbestrittene Bedeutung bei der Schaffung von authentischem Wissen. Allerdings werden sie relativiert. Erkenntnisse, die aus der Innen-schau kommen, sind fließend, mehrdeutig und ungenau. Das ist auch für eine rationale Betrachtungsweise kein unbedingter

Nachteil. Nur wenn die Begriffssysteme nicht zu starr und nicht zu weich sind, kann sich neue Ordnung, neue Bedeutung entfalten.

In der Meta-Physik soll sinnschaffende Integration die Unzulänglichkeiten unserer bisherigen Wissenschaftsmethode und der klassischen Logik überwinden. Der unauslotbare Sinn eines tiefen Gleichnisses und die Überwindung des Paradoxes in der mentalen Tiefenversenkung sind auch mögliche und zulässige Ausdrucksmittel einer zukünftigen Wissenschaft der Integration. Die Erschließung der inneren Erkenntnisquellen, die vom Kosmos der Ideen gespeist werden, ist noch zu leistende Aufgabe und Programm einer zukünftigen Meta-Physik. Es ist dies die vollendete Synthese von Logik und Intuition, von Kreativität und zweckmäßigem Experimentieren, von spontaner Einsicht und planvollem Konstruieren.

Die heutige Form von exakter Wissenschaft ist damit nicht grundsätzlich aufgehoben. Nur ist sie ziellos und blind, wenn nicht Dimensionen innerer und subjektiver Realitätsschichten einbezogen werden. Die wahre Realität und die Ewigkeit sind in uns verborgen, behaupten die religiösen Systeme seit Jahrtausenden. Die moderne Naturwissenschaft hat einen Punkt erreicht, wo man ohne eine genaue Überprüfung dieser Behauptung nicht mehr weiter kommt. Die integrale Wissenschaft der Zukunft muss uns helfen, die postulierten Transdimensionen einer übergeordneten Realität zu erschließen. Wie Wittgenstein einmal gesagt hat, muss man eine Leiter benutzen, um höher zu steigen. Wenn man aber oben ist, braucht man sie nicht mehr. In diesem Sinne ist das schaffende Wissen der Menschheit, die aktuelle, moderne Wissenschaft, nur ein zweckmäßiges Vehikel, das möglicherweise nicht mehr benötigt wird in den Dimensionen, in denen Sprache und Sein nicht mehr getrennt sind.

Der Mensch ist imstande, aktiv und bewusst in seine Umwelt einzugreifen, er kann sich über sie informieren und seine Geschichte im Gedächtnis bewahren. Mit der Begabung ausgestattet, Neues zu gestalten, ob durch seine inspirierten Träume oder seine erfindungsreiche Phantasie, ist er so der Vermittler zwischen dem Kreativen, dem Reich der ewigen Ideen, und der spröden, formbaren Materie, dem Reich der Natur. Die moderne Zeit zeichnet sich durch den besonderen Drang des Menschen nach Konsum und rauschhaften Erlebnissen aus. Hier äußert sich ein fehlgeleitetes Streben, die Gegenwart festzuhalten.

Der Mensch ahnt seine Fähigkeit, die zeitlosen Prinzipien in sich zu erkennen. Aber das, was die Menschen so sehnsüchtig erhoffen, kann in der Raumzeitwirklichkeit der materiellen Gegenstände und Dinge nicht gefunden werden. Der Drang, die Welt außen zu erforschen und zu beherrschen ist in die Irre geleitete menschliche Aktivität, wenn die innere Welt verdrängt wird.

Wie Kant es einmal ausdrückte ist das moralische Gesetz im Menschen genau so erhaben und ehrfurchtsvoll wie der gestirnte Himmel mit seinen gewaltigen Sonnen und Galaxien. Der zeitliche Lauf der Planeten und Sterne wird so zu einer Entsprechung der ewigen Geheimnisse des Kosmos in uns. Wird der Mensch eines Tages andere Dimensionen entdecken, so wird er möglicherweise die Erde verlassen, um seine Träume zu realisieren. Die Erde wird dann zurückbleiben als seine Heimat, als die Geburtsstätte der Einheit aller Menschen. Der integrale Mensch wird diesen Planeten als seinen Heimatgarten voll Pflege und mit Hingabe erhalten. Doch seine Bestimmung wird von den Sternen und unerkannten Weltenräumen angezogen. Das Rätsel von Zeit und Ewigkeit zieht sich geheimnisvoll durch all unsere Mythen, Phantasien und religiösen Erzählungen. Die großen Erlöserreligionen weisen uns, so jedenfalls ist ihr Auftrag, den Weg aus der irdischen Zeit in die göttliche Zeit, die aus reiner Gegenwart besteht. Diese Spannung zwischen zeitloser Transzendenz und zeitlich-irdischer Welt ist mit dem ersten Menschen entstanden und wird Bestand haben solange der Mensch seine Stellung im Universum und in der ewigen Kette der Lebewesen nicht endgültig verstanden hat.

Er hat bisher nichts unversucht gelassen, sich dem tiefen Geheimnis der Zeit zu nähern. Wird er es eines Tages lösen, so wird er möglicherweise nicht in einer Übersphäre erwachen, sondern er wird die ihm gegebene Realität endlich in ihrer Tiefe und Einheit und als Quelle unerschöpflicher Kreativität kennen lernen. Vielleicht erkennt der Mensch, wenn er sich dem Unbegreiflichen in Bescheidenheit nähert, die wahren und letzten Grenzen seines Bewusstseins. Der Mensch wird im Angesicht der Unendlichkeiten, die ihm in seinen vielen Weltmodellen begegnen, demütiger sein müssen. Spontanität und Kreativität der menschlichen Psyche sind vielleicht Äußerungen einer tiefer liegenden Ordnung, die im Vorwärtsschreiten jedes endliche

Wissen über die Welt überwinden und dieses Wissen von der einen Realität neu anordnen können.

Dadurch, dass der Mensch die seinem Sein innewohnenden Beschränkungen immer wieder überschreitet, erringt er eine dynamische Freiheit. Diese ermöglicht ihm seine insbesondere auf dem geistigen Niveau liegenden unsichtbaren Barrieren zu durchdringen. Dabei werden sich dem Menschen neue ungeahnte Dimensionen der Realität eröffnen. In diesen Dimensionen dominieren Information und reine Energien von Gedankenformen, jenseits der Wirklichkeit der Quanten, die unsere Welt der niedrigen Dimensionen strukturieren. Die lebendige Evolution wird sich diese höheren Seinsweisen erobern, ohne dabei die niedrigen Dimensionen unserer vierdimensionalen Welt von Raum, Zeit und Materie aufzugeben.

In diesem dynamischen Prozess der Integration der Teile wird die Aufgabe des Menschen immer deutlicher. Er wird von der Untersuchung der vielfältigen Teile der Realität zu einer Sicht der Realität wechseln, in der Ganzheit und Vielheit keinen Widerspruch mehr erzeugen. Schafft er diese Verschiebung seiner existenziellen Perspektive nicht, so wird die lebendige Evolution über ihn hinweg gehen, hin zu anderen Formen der Verwirklichung. "*Wer zu spät kommt, den bestraft das Leben*" ist ein viel zitierter Ausspruch unserer Tage. Er versinnbildlicht sehr deutlich den evolutionären Auftrag des Menschen und warnt vor der Gefahr des Scheiterns durch eine verfehlte Wahrnehmung der Zeit. Die evolutionären Muster unserer aktuellen Gegenwart verlangen einen Aufbruch, eine Umgestaltung der führenden Lebensform. Die Anzeichen sind da. Mit dem Erfolg der Transformation des Menschen ist auch die Rettung des gesamten planetaren Lebens gekoppelt.

Die verwirrende Situation, in der sich die aktuelle Wissenschaft befindet, wenn sie Aussagen über das Zeitproblem machen möchte, passt irgendwie zu unserer aktuellen sozialen und psychologischen Situation. Entfremdung von der natürlichen Welt durch das Diktat der Uhren erzeugt immer größere Seltsamkeiten und Bedrängungen. In analoger Weise hat sich die eine lineare Zeit mit der einen vorgegebenen Richtung als Monster erwiesen, das die Wissenschaftler bei der Erforschung der tiefer liegenden Weltstrukturen behindert. Der Mensch muss lernen, die Aufsplitterung der Zeit in einzelne Momente zu überwinden.

Zerteiltes Leben muss zurückkehren in eine Ganzheit, in der wir „zeitfrei" leben können. Das kann uns nur gelingen, wenn wir die Ursachen unserer zeitlichen Auseinanderfaltung zerstören. Wenn das Erkenntnisniveau der Menschen die Hürde der fehlerhaften Zeitwahrnehmung überwunden hat, wird er die zeitlichen Rhythmen der planetaren Ökosysteme und ihre subtile Dynamik endlich verstehen. Er wird dann die wunderbaren Muster der geschöpflichen Natur optimal assimilieren können, deren wesentlicher Ausdruck Kreativität und Spontanität ist, war und sein wird. Diese nachweisbaren Formen einer im und durch den Menschen wirksamen, aktiven Gestaltungskraft der Evolution führen letztlich auf die Existenz eines Prinzips, in dem Liebe, Freiheit, Leidenschaft, Intelligenz und Kreativität ihren Ursprung haben.

Bibliographie:

1) Reinhard Breuer, Pfeile der Zeit,
Meister Verlag, München, 1988

2) John Elof Bodin, Cosmic Evolution,
McMillan 1925, Kraus Reprint, 1970,

3) Jean Charon, Der Geist der Materie,
Ullstein Verlag, 1982,

4) Karl Clausberg, Kosmische Visionen,
Dumont Verlag, Köln, 1980

5) Robert, Colodny, Mind and Cosmos,
UPA, 1983

6) Hertha von Dechand / G. Santillana, Die Mühle des Hamlet,
Kammerer Verlag, Berlin,1993

7) Hans-Peter Dürr, Hrsg. Physik und Transzendenz,
Scherz Verlag, 1988

8) Thomas Filk /Domenico Giulini, Am Anfang war die Ewigkeit,
C.H.Beck Verlag, 2004

9) J.T.Fraser, Die Zeit – Vertraut und Fremd,
Birkhäuser Verlag, 1988

10) Jean Gebser, Ursprung und Gegenwart I + II,
Novalis Verlag, 1999,

11) Henning Genz, Wie die Zeit in die Welt kam,
Hanser Verlag, 1996

12) Amit Goswami, Das bewusste Universum,
Lüchow Verlag,1995

13) Brian Greene, Der Stoff aus dem der Kosmos ist,
Pantheon Verlag, 2006

14) Gotthard, Günther, Idee und Grundriss einer nicht-
aristotelischen Logik Bd.1,
Meiner Verlag,1959

15) Stephan Hawking, Ein kurze Geschichte der Zeit,
Rowohlt Verlag, 1998

16) Theodor Lessing, Geschichte als Sinngebung des Sinnlosen,
Rütten und Loenig, Hamburg, 1962

17) Bernulf Kanitscheider, Kosmologie,
Reclam Verlag, 1984

18) Richard Kapferer, Dr., Platons Timaios,
Übersetzung, Hippokrates-Verlag,Stuttgart 1952,

19) Etienne Klein, Chronos
Thunder's Mouth Press, 2005

20) Jochen Kirchhoff, Räume, Dimensionen, Weltmodelle,
Diederichs New Science, 1999

21) Laotse, Tao-Te-King – Das Buch vom Weltgesetz,
Otto Barth Verlag, 1976

22) Jacques Monod , Zufall und Notwendigkeit,
DTV Verlag, 1975

23) Charles Muses, Chronotopology,
Kluwer-Nijehoff Publishers, Frontiers of Science, 1985

24) Rudolf Otto, West-Östliche Mystik,
GTB, Gütersloh,1979

25) Adolf Portmann (Editor), Zeit und Zeitlosigkeit,
Eranos 1978, Volume 47, Inselverlag, 1981

26) Lisa Randall, Verborgene Universen,
Fischer Verlag, 2006

27) Hans Reichenbach, Die philosophische Bedeutung der
Relativitätstheorie, Werke Bd.2,
Vieweg Verlag,1979

28) Wolfram Schommers, Zeit und Realität,
Die Grauer Edition,1997

29) Friedrich Stadler / Michael Stöltzner, Time and History,
Ontos Verlag, 2006

30) Victor Stenger, Timeless Reality,
Prometheus Verlag, 2000

31) Gustaf Stromberg "Space, Time and Eternity",
Franklin Institute Journal, V272, 1961, p134.,

32) Andreas Resch, Editor, Die Welt der Weltbilder,
Reihe Imago Mundi Band 14, Resch-Verlag, Innsbruck, 1994

33) Frank Tipler, Physik der Unsterblichkeit,
Piper, 2001,

34) von Franz, Marie Luise, Psyche und Materie,
Daimon-Verlag, 1988

35) von Franz, Marie Luise, Zahl und Zeit,
Klett, 1970

36) William I. Thompson, Der Fall in die Zeit,
Edition Weitbrecht, 1985

37) Hermann Weyl, Raum,Zeit,Materie,
Springer-Verlag, 1988

38) G.J.Withrow, Von nun an bis in Ewigkeit,
Econ Verlag, 1973

39) H.D.Zeh, The Physical Basis of the Direction of Time,
Springer-Verlag, 2007